设备信息系统工程学

李允公　张金萍　李　峥　著

东北大学出版社
·沈　阳·

图书在版编目（CIP）数据

设备信息系统工程学 / 李允公，张金萍，李峥著
. —沈阳： 东北大学出版社，2022.11
ISBN 978-7-5517-3135-5

Ⅰ. ①设… Ⅱ. ①李… ②张… ③李… Ⅲ. ①设备管
理—信息管理 Ⅳ. ①F273.4

中国版本图书馆CIP数据核字（2022）第174828号

内容提要

本书从系统的角度介绍了机械设备的信息获取、传输和处理中的相关理论和技术，主要包括设备信息的获取与传输、数据预处理方法、动态信号的常用分析方法、统计分析方法、常见故障的特征信息与提取方法、连杆-关节类设备的姿态分析方法等。同时，书中列举多个示例，以进一步说明信息系统开发、设备故障特征研究、信号分析的适用性方法设计的基本思路等。在传感器、A/D转换器等方面，本书突出原理和应用方法，并尽量减少产品介绍性质的文字。在数据处理和信号分析方面，本书以实际应用为导向，突出数学公式的物理意义，公式推导过程简洁。本书适用于机械工程和相关领域的工程技术与科研人员，也可作为本科高年级学生、研究生的教材和参考读物。

出 版 者：东北大学出版社
地址：沈阳市和平区文化路三号巷11号
邮编：110819
电话：024-83687331（市场部） 83680267（社务部）
传真：024-83680180（市场部） 83687332（社务部）
网址：http://www.neupress.com
E-mail:neuph@neupress.com
印 刷 者：辽宁一诺广告印务有限公司
发 行 者：东北大学出版社
幅面尺寸：170 mm × 240 mm
印 张：10.5
字 数：194千字
出版时间：2022年11月第1版
印刷时间：2022年11月第1次印刷
责任编辑：孙德海
责任校对：曲 直
封面设计：潘正一

ISBN 978-7-5517-3135-5 定 价：58.00元

前 言

机械设备一直朝自动化和智能化方向发展，伴随计算机性能的增强，这种发展的速度日渐提高。目前，以机器人为代表的新型设备层出不穷，很多传统设备无论是外在形式还是功能特性都焕然一新，产生这种情形的一个重要原因便是将控制、测试、智能计算、伺服驱动、互联网等技术与机械进行有机结合，从根本上促进了机械的进步。随之而来的是，大量电子信息类装置的使用要求机械工程专业人员进一步扩充知识储备，融汇机械与电子两个领域的知识，才能在机械系统的设计、制造、使用和维护中做到有的放矢。

机械设备的电子信息装置能够工作的一个重要前提是设备信息，表现形式为数据。只有获取了所需的设备信息，才能进行有效的信息处理、控制、设备状态判断、外部环境识别等工作，所以，信息是设备中电子信息部分运行的核心要素，比如具有自动驾驶功能的车辆中使用了大量的传感器，检测多种类型的信息数据，以保证车辆安全行驶。

围绕设备信息所做的工作包括信息的获取、传输与处理，所以，信息对应的是一种系统，而且是一种兼具软硬件结构的系统。其中，信息获取与传输主要涉及计算机软硬件技术，虽然已较为成熟，但随着很多新型数字式传感器的出现和互联网在工业应用中的普及，相关人员必须自行开发数据获取与网络传输的软硬件系统，因而必须了解系统的构成和系统开发的基本思路。在信息处理方面，难度最大的是以设备状态监测为目的的动态信号处理。在多年的教学和科研工作中，作者也发现如何选择合理的信号处理方法、如何有效地处理信号、如何从处理结果中解读信息，一直是学生在学习和工作中需解决的问题。

本书以设备信息为核心，侧重设备状态监测和动态信号处理，系统阐述了设备信息系统中的信息获取、传输和处理的相关理论和技术，并首次讨论了连杆–关节类设备的姿态测试与分析方法。另外，考虑到传感器、A/D转换器、无线传输模块等产品的更新换代周期很短，这些内容未作具体介绍，读者可查阅相关资料。

感谢本书中援引文献的作者们为本书提供了高质量的资料，感谢研究生们所做的工作，他们为本书提供了大量素材，感谢参与本书前期工作的所有人员！

由于作者水平有限，书中难免有疏漏之处，恳请读者批评指正。

目　录

第1章 绪 论

1.1 信息与信息系统

1.1.1 信 息

信息、物质和能量是构成客观世界的三个要素，是维系人类社会正常运转和发展的三种资源。美国学者欧廷格对三者的重要性给出了生动描述：“没有物质，什么都不存在；没有能量，什么都不发生；没有信息，什么都没有意义。”其中，“信息”对应的英文单词是“information”，也可称为消息、讯息、资讯、情报等。在日常生活中，书本中的知识、新闻、对话内容等都属于信息，人们感受到的冷、热、痛、气味等也都属于信息，某一物体的大小、形状、材质也可以属于信息，所以，信息可以泛指一切传播的内容。由于所涵盖的内容过于宽泛，世界上对信息尚没有统一的定义。信息论奠基人香农将信息定义为“用来消除随机不确定性的东西”，以此来说明信息的内容是明确的；维纳则称“信息就是信息，它既不是物质也不是能量”，即信息是有别于物质和能量的第三种资源。

虽然信息的概念比较抽象，但可以总结出很多具体明确的特征，如载体依附性、可传递性、时效性、可存储性、可共享性、可处理性等，现简要介绍以下三个主要特征：

① 载体依附性。只有依附于一定的载体，信息才能得以传递和呈现。比如，知识信息依附于文字，而文字又依附于纸张，其中，纸张和文字都是知识信息的载体，通过这两种载体，知识才能得以广泛传播；再比如，心电信号是心脏健康状态信息的载体，信号中的数据能够反映心脏是否健康。

② 可传递性。如果信息不能传递和传播，便不能实现其价值。有些信息

是主动传递的，如语言交流、新闻播报等；有些信息则需要采取一定的手段进行获取，如使用量尺测得物体的长度信息、使用应变片和测试仪器了解零件某位置处的应力信息。所以，科技水平和经验决定了人类所能获取信息的丰富性，从而决定了人类对世界认识的深度与广度。

③ 时效性。一般情况下，某个信息产生的影响会随时间逐渐减弱，有些信息甚至只在特定的时间段具有有效性，比较典型的例子便是天气预报。所以，在信息的获取、加工、处理、传递、接收过程中，应尽量提高效率。比如，设备状态异常的信息应及时发现，并快速反馈给相关人员，采取有效措施，从而减小损失。

人们获取信息的目的并不只是“知道”，而是基于信息进行推理、判断和决策。一叶落而知天下秋，人们见到树叶飘落这一信息，便会知道秋天将至，其中，“叶落”是直观信息，“秋天将至”则是推理得到的结论。进一步地，“秋天将至”也是一种信息，只不过隐藏在“叶落”这一信息的背后。所以，信息是有层次的，大体可以划分为语法信息、语义信息和语用信息。语法信息是最基本的一层，它指的是信息的表现形式；信息的内容和含义为语义信息；接收者从信息中提炼出的具有实际价值或效果的信息则为语用信息。比如，天气预报播报“明天有雨”，这四个字为语法信息，人们理解的内容为语义信息，因为有雨，人们会采取不同的避雨措施，这便是语用信息。所以，语法信息决定了语义信息，且语法和语义之间具有严格的转换规则，语用信息则与接收者对语义信息的感受和理解有关。再比如，计算机网络使用二进制数据传输纷繁多样的各类信息，这些二进制数据的组合便为语法信息，是构成信息的最基本元素，将数据按照事先规定好的映射关系转换为文字、图像或视频，便成为语义信息。另外，在闭环负反馈控制中，被控对象反馈回的数值为语法信息，经转换后得到的误差为语义信息，控制系统根据控制目标和由当前误差计算得到的控制量则为语用信息。所以，得到正确有效的语用信息，是信息处理的一个重要目标。

1.1.2 数据、信号与信息

数据并不是通常所说的数字，而是泛指各种符号，比如数字、文字、图形标识等，也可以认为，数据是记录和传递信息的基本单元。使用少量数据可以记录和传递内容较为简单的信息，比如身高、交通信号灯、物体的尺寸等。

信号是信息的载体。比如，两个人交谈过程中，通过声音信号传递信息。

声音由声带振动产生，声带的振动会引起空气压力的波动，空气压力的波动带动鼓膜振动，继而引起听小骨振动，耳蜗接收到听小骨的振动信号后，会将其转换为神经冲动信号，并上传至听觉中枢，最终形成听觉并理解语义。在上述过程中，存在多种类型的信号，如声带的振动信号、空气压力波动信号、鼓膜和听小骨的振动信号、耳蜗输出的神经冲动信号，这些信号的表现形式和对应的物理现象完全不同，但携带的都是语音信息。

信号的外在形式是波形，存储在计算机中便是数据，而且是大量的数据，其实质是函数。所以，信号也具有定义域、值域、自变量和因变量，可以是一维的、二维的或多维的，可以是实数的或复数的，可以进行积分和微分计算，也可以进行各种变换运算。信号有很多种分类方法。根据连续性可分为连续信号和离散信号，其中，在给定的定义域（通常是时域）内，在任意自变量处都有值的信号为连续信号，其波形是连续的，如一次发音对应的语音信号、设备运转时的振动信号、电器工作时的电压信号等；在给定的定义域内，只在有限个自变量处有值的信号为离散信号，一般情况下，离散信号是对连续信号的离散采样得到的，如在气象记录中，通常是隔一段时间记录一次气温、风速等数值，这便是典型的离散信号。在工程中，为获得所需信号，需要进行信号测试，由于计算机只能处理离散的数字信号，所以需要对连续信号进行离散采样，即每间隔一段时间读取一次信号幅值。另外，信号还可以分为模拟信号和数字信号：模拟信号的自变量或因变量是连续的；数字信号则均是离散的，计算机处理的便是数字信号。

为了从信号中获取所需信息，需要对信号进行分析和处理，比如通过处理语音信号得到语音的文字内容，通过处理人脸的图像信号进行身份识别，通过处理噪声信号确定声源方位等。因此，分析和处理信号可以从信号中提取深层次的语义信息，是实现信息价值的重要手段。

1.1.3 信息系统

信息系统是一种以数据为核心要素的计算机软硬件系统，通常针对某一特定对象或具有特定目的，如地理信息系统、管理信息系统、会计信息系统等。信息系统的主要环节包括信息的获取、传输、处理和存储等，所有环节都以数据为操作对象，也以数据为处理结果。

信息的获取是指从信息源或信息系统内部收集所需数据，获取方式与信息源类型和系统功能密切相关，比如，档案类的信息系统通常需要手工输入和图像扫描输入，如果使用传感器采集信息源信号，则由计算机读入传感器信号。需要注意的是，多数情况下，信息系统所需获取信息类型不是单一的，比如气象信息系统会获取温度、风速、云图等多种信息，信息的多样化和丰富性有助于提高信息系统的完备性和实用性。

信息传输是指数据进入信息系统，或由信息系统输出，或在信息系统中各模块间传输，由计算机硬件和相关软件共同完成。信息传输应保证数据的完整性和正确性，尤其是大数据量传输时，比如语音信号和视频信号等，必须在硬件选择、电路设计和软件编程等多个方面避免数据丢失和数据畸变。另外，在条件允许的前提下，应尽可能地提高传输速度，从而为信息系统的高效运行提供基本保障。

信息的处理是从数据中提取所需信息。数据处理的复杂程度取决于具体的功能需求，较为简单的是对数据进行常规统计处理，如果进行规则提取、知识学习、目标识别等则相对复杂一些。

信息存储针对的是从信息源获取的原始数据、信息处理的中间计算结果和最终结果等。当信息系统长时间运行时，会产生大量数据，因此，信息系统应具有足够的存储空间，也应使用快捷灵活的数据存储方式。

1.2 设备信息系统

1.2.1 设备信息的主要类型

在机械设备的完整生命周期中，从开始规划直至最终报废，会产生无数信息，比如规格型号、零部件的尺寸、工作负载、转速、运转时长、维修记录等，每一种信息都从不同的侧面反映设备的某种特征，人们会根据不同的需求选择相应信息进行获取和处理。

从设备的生命周期进程来看，设备信息可以分为设计、制造、运行使用、维护和报废等五方面信息。这些信息之间存在一定的内在关联：设计决定了制造工艺，设计缺陷和制造过程中的某些误差又会影响后期的使用，设备维护工作与设备运行环境和工况密切相关。所以，设备的各种信息不是孤立存在的，而是具有一定的因果关系。同时，利用设备信息是可以进行追因溯源或状态预测的。

根据信息内容随时间变化的快慢情况，设备信息可以分为静态信息和动态信息。静态信息的内容随时间缓慢变化甚至不变，比如设备的规格型号、放置地点、磨损情况等，此类信息大多可以使用少量数据进行表达和记录。动态信息的内容则随时间进行快速变化，比较典型的是振动、噪声、转速波动、负载等，此类信息对应的数据量往往很大，对测试仪器、数据存储和数据处理都有较高要求。

设备既属于一种资产，也属于一种物资，这两个层面对应的信息分别为经济信息和技术信息。与资产行为相关的信息即为设备的经济信息，如购置、运行、维护、折旧、管理、租赁等相关费用信息。经济信息之外的信息，便是设备的技术信息，它由设备本体产生或与其直接相关。同时，设备的经济信息和技术信息之间存在一定的关联关系，比如，设备的使用时间与折旧费用直接相关，设备的故障类型和程度决定了维修费用，设备的运转状态决定了继续使用的各方面成本。

1.2.2 设备信息系统的作用

根据信息系统的定义，凡是具有获取和处理设备自身或与设备直接相关的信息数据功能的计算机软硬件系统，都可以称为设备信息系统。目前，设备信息系统的作用大体可以包括控制、状态监测与评估、管理三个方面。

在设备的控制过程中，多数需要被控设备的反馈信息，并根据反馈信息对控制量进行调整，比较典型的便是PID控制。在传统设备的控制中，一般情况下，所需获取的信息类型较为单一，只需要获取被控制量的实际状态信息即可。但对于机器人的控制，所需信息则较为丰富，既需要机器人外部的环境信息，也需要机器人内部的状态信息，比如在物料搬运机器人的控制中，便需要检测和识别物料的位置和形状、搬运路径、障碍、机械手的位置、机器人内部电机的转速和旋转方向等。所以，设备的控制中存在大量的信息获取、处理、存储和输出工作，而且随着机械设备自动化、智能化和柔性化水平的逐步提高，信息在设备控制系统中的作用会越来越显著，尤其在信息处理方面，单纯的控制算法远远不能满足要求，信息的预处理、特征提取和模式识别等算法会被大量使用。

设备状态监测与评估也可称为机械故障诊断或健康管理，是设备安全运行的重要保障，对于降低设备维护成本也有一定的积极作用。其主要技术环节包括信号测试、信号分析与处理、状态识别，仍然以信息和数据为核心要素。监测系统属于典型的信息系统。

机械设备是企业生产的主体，设备管理是每个企业都十分关注的重要工作。设备管理贯穿设备的完整生命周期，只要与设备有关的信息和决策都可以纳入设备管理的范畴，上述状态监测便是其中一项内容。目前，设备管理信息系统已经可以很好地整合日常管理、设备档案、人员、经济等方面的信息，但是需要较高信息处理水平的系统功能，如状态识别、性能评估、趋势预测等，目前这些功能尚不完全成熟。

1.2.3 设备信息处理

设备信息系统涉及多种学科知识和专业技术，是一个典型的多领域知识综合体。其中，信息的获取、传递和存储功能由计算机硬件和相关软件实现，模式相对固定，开发难度适中，也易于实现较高的运行稳定性和可靠性。在信息处理方面，虽然由软件完成，但软件实现的是各种具体的信息处理方法，而处理方法需要开发者根据功能需求进行选择和研究，具有一定难度和挑战性，且信息处理水平对于设备信息系统的性能和质量具有决定性作用。所以，构建设备信息系统是一项工程，而信息处理则是其中最核心的一个环节。

信息处理的实质是处理信号或数据，其目的是从获取的原始信息中提炼出所需信息，比如从轴承振动信号中识别和提取与轴承缺陷相关的信号成分。目前，信息处理方法种类繁多，在方法选择上没有统一标准，同时，各种方法的功能侧重点不尽相同，也各有不足之处，需要根据信息处理目标进行优选和组合，甚至设计新的处理方法。

目前，信号处理主要包括信号分解和概率统计两大类方法。信号分解的目的是了解信号的结构特征，提取信号中所需的信息，常用方法包括频谱分析、小波变换、经验模态分解等。信号分解的基本数学方法是函数的内积和卷积，理论出发点为傅里叶级数，在工程实际中应用最多的是频谱分析，这种方法物理意义清晰，计算结果能够反映设备内部的动力行为特点，且不用人为设置过多参数。基于概率统计的信号处理方法则与信号分解的思路相反，它对信号某方面总体特征进行统计计算，常用方法包括概率密度、相关分析、矩和累积量分析等，此类方法往往能够得到数据量较小的计算结果，便于和人工智能方法相衔接，也便于人工辨识。以图像处理为例，如果从图像中分割出不同物体所在的区域，即为信号的分解；若统计图像的平均灰度值，则为统计。同时，对于分解结果也可以进行统计计算，而统计结果却无法进行分解处理。

另外，随着信息系统中硬件性能的逐步提高，加之互联网的数据传输速度越来越快，尤其是无线网络的普及，信息处理的方式更加灵活多样，出现了边缘计算、云计算、雾计算或混合式计算等多种信息传输与处理模式，而且每种模式都涉及相应的硬件与软件系统的相互匹配。这也表明，紧密依托互联网是设备信息系统的重要发展方向，可以有效打破设备与设备、人与设备、信息系统与设备之间在物理距离上的限制，对于提高设备使用和管理水平大有裨益。

第2章 设备信息的获取与传输

2.1 常用的设备信号

设备的信息种类十分丰富，其中，档案类和记事类信息使用的数据量较小，信息的输入方式也十分便捷，通常无须做深入的数据处理，所以，对这方面信息不做过多讨论；而设备的运行状态信息直接决定了对其的管理决策，所以，对于设备信息系统来说，获取和利用设备状态信息是一项核心工作。除了应力、应变、扭矩、速度等较为直接的物理量之外，振动、噪声、温度、时间等信息也可以从不同侧面反映设备状态，且测试方便，在某些场合还具有一定的不可替代性，因此，下面简要介绍这几类信息的主要特点。

2.1.1 振动信号

振动是一种围绕平衡点的往复运动。机械设备在运转过程中都会产生振动，其特点与设备的工况和健康状态关系密切，能够比较全面地反映设备的各方面信息。所以，在设备监测中一般都需要采集和分析振动信号。

系统的振动形式取决于系统的质量、刚度、阻尼和激励四个因素，其数学关系通常表达为

$$\boldsymbol{M}\ddot{\boldsymbol{X}}+\boldsymbol{C}\dot{\boldsymbol{X}}+\boldsymbol{K}\boldsymbol{X}=\boldsymbol{F} \tag{2.1}$$

式（2.1）中，$\boldsymbol{M}$ 为质量矩阵，$\boldsymbol{C}$ 为阻尼矩阵，$\boldsymbol{K}$ 为刚度矩阵，$\boldsymbol{F}$ 为激励向量，$\boldsymbol{X}$ 为振动位移响应向量。实际测试中得到的振动信号便是位移响应 $\boldsymbol{X}$，或速度响应 $\dot{\boldsymbol{X}}$，或加速度响应 $\ddot{\boldsymbol{X}}$。其中，质量、阻尼和刚度是系统自身的固有属性，激励则为系统振动的外在条件，所以，振动响应是系统内部特性的外在表现。

机械设备中的每个零件都有自身的质量、阻尼和刚度，这三种参数由零

件的材料、形状、尺寸、固定与连接方式等多种因素决定。由众多零件构成的机械设备，也有其整体的质量、阻尼和刚度，具体数值则由各零件的参数和零件间的装配关系决定。当设备的状态发生改变时，比如螺栓松动、转轴不平衡等，上述三种参数会产生相应的变化，则在相同的激励下，振动响应也会有所差异。

机械设备的激励形式很多，最常见的是设备运转过程中的不平衡力和负载，特殊情况下，地震、潮汐、风力、邻近设备的振动等也是不可忽视的激励源。另外，设备内部也可以提供激励，最常见的是参数激励，即在振动过程中，$\boldsymbol{M}$，$\boldsymbol{C}$，$\boldsymbol{K}$中的某些数值会不断变化，从而激发相应的振动成分，比如零件间的碰撞现象，可以理解为零件间的刚度值在碰撞前后产生突变，这种突变会导致设备振动中出现冲击响应成分。

激励根据其随时间变化的情况，可以分为确定激励和随机激励。确定激励可以用明确的时间函数描述，比如转轴旋转产生的不平衡力便是典型的确定性周期性激励。随机激励虽没有明确的时间函数，但具有一定的统计特征，比如车刀与工件间的作用力即为随机激励，但符合一定的概率分布。不同的激励会产生不同的振动响应，一般情况下，确定激励下的响应也是确定的，随机激励下的响应也是随机的，所以，可以根据振动响应的特点判断激励类型。

同时，$\boldsymbol{M}$，$\boldsymbol{C}$，$\boldsymbol{K}$决定了设备的固有频率。理论上，任何设备都有无数阶固有频率，实际中只需要关注前几阶频率。当设备受到脉冲式激励时，比如锤击或内部碰撞，会产生冲击响应振动，由此振动成分可以获得多阶固有频率信息。另外，多数机械故障都会导致零件间的碰撞，因此，识别和提取冲击响应振动成分对于识别设备状态具有重要的实际意义。

振动信号是典型的快变信号，设备信息隐藏于信号的波形中，所以，在信号采集与存储时必须保证波形的完整性，严格避免数据丢失，任何程度的数据丢失都会影响后续分析结果的准确性。同时，由于进入计算机的是数字信号，波形完整性意味着波形的可重构性，即利用采集到的离散数据可以准确计算出任意时刻的信号幅值。若满足这一条件，需根据采样定理进行信号采集，为保证波形质量，采样频率应尽量大于信号中最高频率或有用频率上限的3倍。

2.1.2　噪声信号

产生噪声的根源是振动，所以，噪声信号也能够反映设备的运行状态和健康情况。虽然噪声与振动是同源的，但是对于人的感受来说，噪声具有更好的直观性和可辨识性，比如轴承中不同部位的故障所引起的噪声便具有明显区别，人们可通过噪声直接判断故障类型。虽然噪声测试属于无接触式的，但测试时易受到环境噪声和其他设备噪声的影响，测试仪器与声源的距离也会影响信号幅值，所以，分析噪声信号的难度要大于振动信号。

噪声需要借助一定介质才能形成和传播，最常见的介质便是空气。零部件的振动会给附近的空气压力带来扰动，从而在空气中形成压力波，并向周围传播，压力波作用于人耳时，人便感受到噪声。由于在传播过程中可能遇到障碍物，或介质特性发生变化，所以，在不同位置处接收到的噪声信号必然有所区别，而且与声源的振动也不尽相同。

机械设备产生的噪声大体可分为机械噪声、液压系统噪声、空气噪声和电磁噪声。其中，机械噪声最为常见，比如零件间的碰撞和相互作用、转轴的不平衡振动、齿轮的啮合、轴承的滚动、刀具与工件间的摩擦等都会产生噪声。同时，除了零件自身振动导致的噪声外，零件间相互作用时引起的周围空气的压力波动也会形成噪声，尤其是在两零件碰撞瞬间，零件间的空气会形成高速气流射出，在该气流与周围空气混合过程中，局部空气压强会发生快速变化，从而形成噪声，可称为空气喷射噪声。

在液压系统中，除了机械噪声外，还存在由流体压力波动导致的噪声，流体的动力压强脉冲、空化、湍流、液体与管壁的摩擦、管路的设计不当都会引发流体的压力波动，液压系统中的泵、马达、阀和管路等元件在流体压力波动的冲击下会产生振动，从而形成噪声，所以，液压系统的振动和噪声信号携带有大量的流体状态信息。

在机械设备的空气噪声中，除了前面提到的喷射噪声外，最常见的是带有旋转叶片的设备产生的旋转噪声，如风机、螺旋桨等。对于叶片旋转轨迹上的一个点，每个叶片通过时都会产生空气压力脉动，所以，噪声的变化周期便是两个相邻叶片通过同一个点的时间间隔，即叶片旋转一周的时间除以叶片数，其倒数称为通过频率。另外，空气噪声还包括气流经过障碍物时产生的涡流噪声和进气与排气噪声等。

机械设备中的电磁噪声主要来自电机。无论直流电机还是交流电机，在转子旋转过程中，由于结构特点，转子和定子间的电磁力都是交变的，从而会导致转子和定子的径向振动，这便是电机电磁噪声形成的最主要原因。影响电机电磁噪声的因素很多，比如气隙形状和间距、转子的槽形状、交流电机的槽配合、机壳结构；当然，若电机出现结构松动等故障，也必然引起电磁噪声的变化。

另外，人耳感知不到的噪声包括低于20 Hz的次声和高于20000 Hz的超声，其中，机械设备中的超声一般与微小尺寸零件共振、零件间摩擦、零件内部材料的破坏有关，一般情况下无须监测，次声则由设备的低频振动造成，如大型设备的整机振动、风机叶片的低速旋转等。相对于超声，次声的传输距离远，扩散能力强，衰减速度十分缓慢，频率范围与人体器官的共振频率范围重叠，会严重影响人类健康，所以，从环境保护的角度，也有必要监测大型低速设备的次声波辐射水平。

2.1.3　温　度

与体温是人体健康水平的重要标志相类似，设备温度也能够反映设备状态。在设备运转时，其内部的传动零部件间的摩擦是不可避免的，伴随而来的便是零件自身和润滑油温度的变化，所以，在设备监测中通常会采集温度信号。在工程实际中，使用零件自身温度信号的典型例子是滚动轴承的监测。由于滚动轴承中存在滚动体与内圈、滚动体与外圈、滚动体与保持架间的摩擦，当轴承中的摩擦表面产生缺陷时，轴承旋转时的温度值便会明显升高，所以，温度是轴承监测中的一项非常直接的状态指示信息。

良好的润滑是机械设备正常运转的重要保障。由于润滑油与零件密切接触，从而也可携带设备的状态信息，比如，可以根据油液中零件磨屑的组成情况来判断设备的磨损状态。大型设备通常设有润滑系统，主要由油箱、油泵、冷却器、滤清器和管路组成，其作用是减小零件间的摩擦并带走部分热量，从而也可起到控制温度的作用。如果润滑油油温异常，除了被润滑零件可能出现故障外，也可能与润滑系统自身有关，如油液液面偏低、管路堵塞、油泵故障等，而无论是哪种原因，油温异常已经直接说明设备处于不良工作状态，有必要对设备进行检查与维修。

2.1.4　时　间

机械设备只有不断工作才能实现其价值，而随着工作时间的延长，设备也会面临故障和维修问题，所以，累计工作时间、停机时间、故障时间和维修时间是反映设备状态的重要信息。同时，随着工作时间的不断累积，设备的磨损程度会加大，机械性能会逐步下降，随之而来的则是维护成本的增加。所以，在设备管理中，经常使用时间信息计算各种统计值，并作为管理决策的重要参考依据。

设备管理中常用的时间包括日历总时间、出勤时间、可操作时间、负荷时间、运转时间、净利用时间和价值时间等，其相互间的关系如图2.1所示。

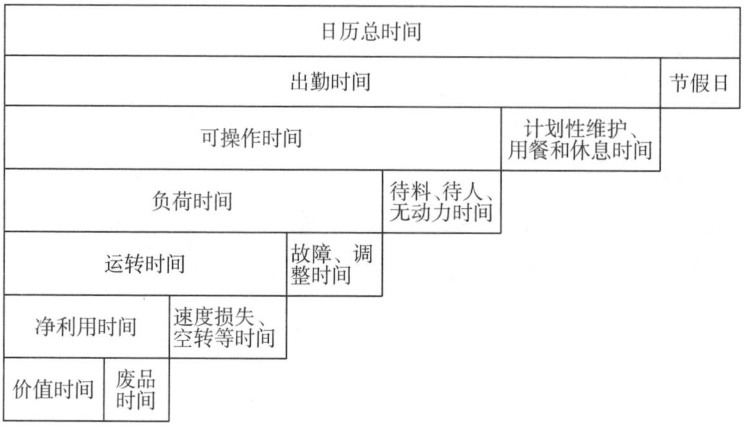

图2.1　设备管理中的各种时间

（1）日历总时间

日历总时间指的是一个完整的统计周期，可以是一年、一个月或一周，每天按24小时计算。

（2）出勤时间

出勤时间指的是正常的上班时间。如每天工作8小时，则设备出勤时间即为8小时；若每天3个工人倒班工作，每人8小时，则设备的出勤时间为24小时。

（3）可操作时间

在每天的工作中，工人需要休息和用餐，设备也需要进行计划内的检查和维护，所以，在出勤时间内减去这些时间，剩余的时间为设备的可操作时间。由于节假日、计划性维护、用餐和休息等时间都是固定的，所以，出勤时间和可操作时间都属于理论时间。

（4）负荷时间

在设备的可操作时间内，可能会发生一些非计划内的事件导致设备停机，如缺少生产原料、操作人员临时缺岗、停电等，除此之外的时间称为设备的负荷时间，在负荷时间内，设备具备了运转所需的人员、物料和动力等所有外在条件。理想情况下，设备一直处于生产运行状态。

（5）运转时间

在负荷时间内，一些计划之外的因素会导致设备停机或重新启动，比如突发故障、设备清理和调整、两种生产产品的切换等，除此之外的时间称为运转时间或利用时间。

（6）单工序周期时间和节拍时间

单工序周期时间简称CT，指的是操作人员或设备完成一项循环作业任务所用的时间。CT分为理论CT和实际CT：理论CT通过设备指标和对人员操作速度的统计进行计算，也是实际生产中的时间标准；实际CT通过现场观测得到，比如，数控机床操作人员用3分钟时间完成工件装卡、刀具调整和机床启动，机床用10分钟加工，操作人员又使用5分钟将工件送至下一道工序，则实际CT值为$3+10+5=18$（分钟）。

当加工两个相同产品时，从第一个开始加工到第二个开始加工之间的时间间隔为节拍时间，简称TT。节拍时间分为理论TT和实际TT：理论TT根据生产产品的数量和时间要求进行计算，比如每天生产500件产品，每天工作8小时，用餐、休息和设备计划内维护时间共2小时，理论TT =（8 − 2）× 3600/500 = 43.2（秒）；实际TT则是实际生产时所用的节拍时间。

（7）净利用时间

净利用时间 = 产量 × 理论CT，可见，净利用时间不考虑实际CT，只由理论CT标准和产量决定。理想情况下，净利用时间应等于运转时间，但在生产过程中，速度损失、小停机、空转等现象都会导致实际CT大于理论CT。其中，速度损失是指设备实际操作速度低于理论速度所造成的时间损失，即速度损失 = 加工数量 ×（实际CT − 理论CT）；小停机指的是某些计划外因素造成的短时间停机，如上下工序衔接不好等。

（8）价值时间

只有质量合格的产品才具有价值，所以，价值时间 = 合格品数量 × 理论CT。在计算价值时间时，未使用实际CT，因为即使生产的产品是合格的，但实际CT中也可能存在时间浪费，浪费的时间自然也属于无价值时间，所以，应使用作为标准的理论CT。同时，根据价值时间的计算方法可知，产品的合格率即为价值时间与净利用时间之比。

使用以上各种时间可以计算设备的利用率、故障率、开动率等统计数据，可以定量反映设备投资的收益、设备的可靠性和维护水平。比如，企业经常将设备的时间信息和生产能力相结合，计算设备综合效率（overall equipment effectiveness，OEE）：

$$\begin{aligned}综合效率&=可用率\times表现率\times合格率\\&=\frac{运转时间}{负荷时间}\times\frac{净利用时间}{运转时间}\times\frac{价值时间}{净利用时间}\end{aligned} \tag{2.2}$$

式（2.2）中的可用率、表现率与合格率分别从不同侧面反映了设备的使用情况，此三项相乘后的简化结果为

$$综合效率=\frac{价值时间}{负荷时间}$$

2.2 传感器简介

2.2.1 传感器的常用性能指标

设备的各种信息由计算机进行保存和处理，因此，需要由传感器将各种物理量转换为电量，比如将噪声的分贝数、振动的幅值、温度值等信息转换为相应的电压值。从实际应用的角度看，当明确了需要检测的物理量时，应根据该物理量的变化特征和测试所需精度，寻找静态和动态性能指标满足要求的传感器。

传感器的静态指标是指被测物理量是常值或变化缓慢的情况下，物理量与传感器输出之间的某方面关系，常用的指标包括量程、分辨力、精度、灵敏度等。在选择传感器时，首先考察的指标显然是量程，当被测物理量的值超出传感器量程后，传感器将损坏或输出存在较大误差。分辨力是指传感器能够检测到的被测物理量的最小变化量，比如，某温度传感器的分辨力为1 ℃，这意味着当温度变化幅度小于1 ℃时，传感器的输出将不会变化。精度指标描述的是真实物理量的值与传感器输出之间的差异，通常用极限误差表示，比如，某力传感器的精度为0.1 N，则该传感器的最大可能误差为0.1 N。在实际使用传感器时，需将传感器输出的电量值转换为被测物理量的值，设传感器输出为$v(t)$，被测物理量为$u(t)$，在理想情况下，$v(t)$和$u(t)$之间的关系是线性的，即

$$\eta=\frac{v(t)}{u(t)} \tag{2.3}$$

由式（2.3）可知，一方面，当被测物理量变化时，η 值越大，则传感器输出的变化会越大，即传感器对被测物理量的变化所产生的反应越敏感，所以，将 η 值称为传感器的灵敏度；另一方面，可以使用 η 值和传感器输出的电量值 $v(t)$ 计算被测物理量 $u(t)$。所以，从测试系统开发和使用的角度看，传感器的量程和灵敏度是两个被直接使用的指标，且应将具体数值记录存档。

当被测物理量变化较快时，需关注传感器的动态性能，较为常用的有频率响应特性和阶跃响应特性。其中，频率响应特性主要针对稳态波动信号，描述传感器对于不同频率的正弦信号的响应特性。若被测物理量的波动为一正弦波 $x(t)=A_i\sin 2\pi ft$，传感器输出的信号为 $y(t)=A_o\sin 2\pi f\left(t-t_0\right)$，其中，$A_i$ 和 A_o 分别为频率为 f 时被测正弦信号的幅值和传感器输出信号的幅值，t_0 为正弦信号频率为 f 时，传感器输出相对于被测信号的延时，这种延时是正常的。对于所有频率为 f 的正弦波，当传感器的输出也为标准正弦波时，如果幅值 A_o 和 A_i 的比值为常数，延时 t_0 也为常数，则传感器能够进行准确测试。将幅值 A_o 和 A_i 的比值称为幅频响应，同时，由于可将 $2\pi ft_0$ 视为正弦信号的相位，所以，在选择传感器时，在被测信号的频率范围内，传感器的幅频响应曲线应保持水平状态，而能够反映传感器输出与被测信号相位间关系的相频曲线则应为关于频率 f 的线性直线。当然，实际传感器只会在某些频段内接近这种理想的频率响应特性，在这些频段内测得的信号才可信和可用，所以，在选择和使用传感器时，应首先了解被测信号的频率范围。

在实测动态信号中，经常会出现幅值瞬时突变的现象，阶跃响应特性可反映传感器能否准确检测这种突变信号。当被测动态信号为单位阶跃信号时，传感器的输出信号即为阶跃响应，如果该响应能够由零快速上升并稳定在理想输出，则说明传感器适用于检测幅值突变比较频繁的信号。信号中的瞬时突变具有幅值上升速度快和持续时间短的特点，所以，通常使用调整时间评价传感器的阶跃响应性能，即传感器输出从零至满足误差要求的稳定输出过程所用的时间。

2.2.2 常用传感器

常用传感器可分为力、运动、位置和距离、温度、气液流量和压力、声学、光学、电量、磁等传感器，以下介绍几类工程中较为常用的传感器。

力传感器中较为常用的是应变片，主要包括电阻应变片和光学应变片，可以获得被测物体的应变或应力信息，其中，电阻应变片的应用十分广泛。电阻应变片内部导体在外力作用下会产生机械变形，其电阻值随之改变，从而可通过检测电量换算应变片的变形量，继而根据被测物体的材料特性得到应力值。同时，应变片还是拉力、扭矩、称重等传感器的核心元件，如在拉力传感器中，应变片的作用是检测承受拉力的弹性元件的应变值，从而可换算为拉力值。

运动检测中最常用的传感器是编码器，可以检测旋转和直线运动零部件的速度、方向和位置，其在伺服电机中的使用尤为普遍，可以反馈电机的当前速度、转向和位置。编码器主要包括增量式编码器和绝对式编码器两种：增量式编码器可测试速度和方向；绝对式编码器可测试被测物当前的绝对位置，可用于闸门、机器人手臂测试等场合。

在设备巡检中通常需要检测设备振动，同时，对于一些重要设备，直接在其内部装入测振传感器，可以随时了解设备运行状态。测振传感器中使用较多的有两种类型，即非接触式的电涡流位移传感器和接触式的加速度计。其中，电涡流位移传感器常用于测试旋转零部件的振动，可将被测物与传感器间的距离转换为被测物的振动位移，多使用于滑动轴承支承的转轴振动测试；加速度计属于接触式传感器，安装方便，体积可以做到很小，可靠性较高，在振动测试中的应用十分普遍。

在机械设备中，需限制某些零部件的运动区间，比如，龙门式机床中龙门框架的直线平移会存在两端的极限位置，应使用传感器检测运动部件是否到达区间端点，最常用的便是限位开关和接近开关。其中，限位开关属于接触式传感器，当运动部件触碰限位开关时，会改变开关的输出信号；接近开关为非接触式传感器，当机械部件与开关的距离小于给定值时，接近开关的输出信号便会产生变化。接近开关种类较多，包括电容式、涡流式、霍尔式、光电式、超声式等；其应用领域也十分广泛，如电梯运动、车辆防撞、物品尺寸、目标检测等。

温度传感器广泛用于工业和民用领域，如冶金、化工、医疗、制冷制热等。在工业领域中，温度传感器的类型主要包括热电偶、热敏电阻、电阻温度检测器、红外测温等。其中，热电偶的典型测温范围可达到-270～1800 ℃，热敏电阻为0～100 ℃，电阻温度检测器为-250～900 ℃，而红外测温可以达到-40～3000 ℃。在测试精度和准确性方面，电阻温度检测器的性能最好，而热电偶则具有坚固耐用、响应速度快、安全性好等优点，因此这两类测温传感器在工业场合中的应用最为广泛。

在涉及气体和液体的机械设备、工业场合和日常生活中，通常需检测气液流量，如内燃发动机需检测进入发动机的空气流量，液压系统通过检测油液流量了解系统实际状态，民用的水表和燃气表也属于流量检测。流量传感器种类繁多，液体传感器主要包括容积式、涡轮式、差压式、动量式、变面积式、流体振荡式等，气体传感器则包括应变式、压电式、压阻式等。

2.2.3　MEMS传感器

MEMS（micro-electro mechanical system）指的是具有微小尺度等级的机电系统，外形尺寸为毫米级，内部元件可达到微米甚至纳米级。完整的MEMS内部包括传感器、执行器、控制与信号处理单元、通信单元、接口电路等，若仅具有某些功能，也可称为MEMS，如MEMS传感器。

目前，对于运动、振动、声学、光学、压力、温度和流量等多种物理量，都有与之对应的MEMS传感器。由于尺寸微小，可以显著节省产品体积，MEMS传感器被广泛使用于汽车、数码产品、医疗设备、运动跟踪等产品中。与传统传感器相比，MEMS传感器内部通常集成了A/D转换电路和接口电路，输出为数字信号；有些传感器还集成了数字信号处理模块，可对数据进行直接处理，如某些MEMS加速度计便可识别跌落、碰撞等动作信息。对于这种输出为数字信号的MEMS传感器，在开发测试系统时，需选用适用的微控制器，根据传感器工作机制和总线配置设计相应的外围电路，并编写传感器的参数设置与数据采集等程序，这与基于传统传感器的测试系统开发存在较大不同，涉及的专业知识更为广泛。同时，传统传感器的输出多为模拟信号，当使用数字式MEMS传感器时，从传感器至数据接收端的线路上传递的都是数字信号，从而具有更高的抗干扰能力和系统稳定性。

2.3　数据采集与传输

2.3.1　A/D转换器的基本功能和常用指标

传感器输出的信号包括模拟信号和数字信号两类，如前文所述，传统传感器的输出多为模拟信号，而MEMS传感器则多输出数字信号。计算机或微处理器能够接收和处理的是数字信号，因此，对于模拟信号，应首先将其转换为数字信号，即使用A/D转换器进行模数转换。A/D转换器的输入为电压信号，该信号来自传感器和信号调理放大电路，输出为二进制形式的数字信号，根据A/D转换器的工作特性和传感器与信号调理电路的灵敏度，便可将该数字信号转换为实际物理量的值。

对于一个电压值，A/D转换器输出的结果为N个二进制数，将N称为A/D转换器的位数。如一个8位A/D转换器，输出的最小值为00000000，最大值为11111111，十进制对应$0\sim2^8-1$，共256个数，对于给定的输入电压范围，可认为将电压范围均分为256个电压区间，每一区间对应0～255中的一个数，根据电压分区规则，A/D转换器的输出便可转换为实际电压值和物理量值。如果位数$N=16$，则意味着输入电压范围被平分为65536个区间，显然，A/D转化器的位数越高，其对电压值的表达会越精细，结果的准确性也就越高。

由于A/D转换器将输入电压范围平分为N个区间，所以，利用A/D转换器的输出计算得到的电压与输入电压间会存在误差，这种误差称为A/D转换器的量化误差，是由电压幅值离散化而产生的一种固有误差。位数越高，A/D转换器的量化误差便会越小。因此，位数是A/D转换器的一项核心技术指标，是决定一个测试系统性能的关键因素。

数字信号的幅值和时间都是离散的，A/D转换器只在离散的时间点上转换输入电压。将1 s内A/D转换器的模拟电压转换和数字信号输出的次数称为采样率，单位常用SPS。每个A/D转换器都有最高采样率，不同的采样率适用于不同的应用场合。如温度测试时，可使用低采样率A/D转换器；而当采集振动、噪声等快变信号时，则需使用高采样率转换器。

2.3.2 A/D转换器的类别

按照转换原理，A/D转换器主要包括积分型、逐次比较型（SAR）、并行比较型、Σ-Δ型、压频变换型等。其中，积分型A/D转换器可以达到较高的位数和精度，但不能实现高采样率，通常用于低速测试和高精度测试场合；逐次比较型A/D转换器的应用十分广泛，其成本较低，可以实现高采样率；并行比较型A/D转换器的主要特点是速度快，采样速率可达到1 GSPS以上，但不能达到较高的位数，且功耗较大，生产成本也高；Σ-Δ型A/D转换器也称为过采样转换器，是目前的一种主流转换器，它的采样速率高，位数可达到24位，内部可进行数字滤波，但功耗要高于逐次比较型和积分型A/D转换器；压频变换型A/D转换器与积分型A/D转换器类似，其特点是精度较高，但采样速率较低。

A/D转换器的模拟信号输入端主要包括三种形式，即单端、差分和伪差分。单端输入指的是所有输入信号共用一个公共地，如输入信号为四路，那么每路信号传输线路的信号端接在A/D转换器上不同的信号端引脚上，而各路信号的参考端（接地端）则全部与A/D的地端相连。在单端输入模式下，A/D转换器的外围电路简捷，连接方便，对引脚数量的需求较少，但由于全部信号的接地端连接在一起，易产生共模干扰。差分输入则首先将信号变换为差分信号，然后两根信号线各自连接A/D转换器的一个引脚，如8路信号在差分输入时，A/D转换器的输入端会使用到16个引脚。差分输入最主要的优点是抗干扰能力强，传输距离远，但需设计适配的差分放大电路，以将输入信号转换为差分信号。伪差分输入模式将信号端和参考端各连接A/D转换器的一个引脚，在输入A/D转换器之前无须将信号转换为差分信号，从而电路简单，连线方便，相比单端输入，具有一定的共模干扰抑制能力。

A/D转换器的控制信号由处理器输出，其转换得到的数字信号也需传输至处理器，因此，处理器与A/D转换器之间需要相应的总线连接，尤其是数字信号的输出接口，决定了外围电路的设计和处理器内程序的编写。A/D转换器的数字信号接口包括并行接口和串行接口。其中，并行接口易于实现高速传输，但当A/D转换器位数较多时，如16位、24位，并行方式会增加布线数目。而串行接口则没有这一问题，负责传输信号的线数只与接口或总线类型有关，而与A/D转换器的位数无关，而且随着处理器主频的逐步提高，串行接口也可以实现较高的数据传输速度。目前，比较常用的串行接口类型主要有I2C和SPI，其中，SPI可实现的数据传输速度要远高于I2C，更适合用于对采样速率要求较高的场合。

另外，A/D转换器的输入分为单极性和双极性两种：单极性是指A/D转换器只能处理正电压部分的信号；双极性则是指输入信号可以在正负电压之间，如±5 V。因此，在选择A/D转换器时，应注意模拟信号的特点。

2.3.3　A/D转换器示例

ADC0809是一种具有8个模拟信号输入通道的八位A/D转换器，内置地址锁存器、八选一模拟开关和三态缓冲输出锁存器，可以直接与微处理器的数字接口连接。图2.2为ADC0809的内部结构和引脚名称。对于各种数字芯片器件，由于在使用时不能改变其内部结构，所以，重点在于详细了解引脚功能和芯片运行逻辑。

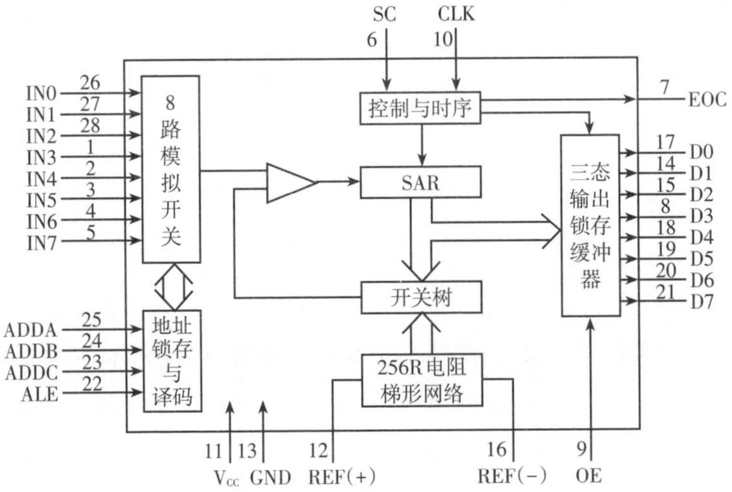

图2.2　ADC0809内部结构和引脚名称

ADC0809的引脚功能如下：

IN0～IN7：8路模拟量输入端，由ADDA，ADDB，ADDC三个地址信号选中其中的一路送到内部比较器进行转换；

ADDA，ADDB，ADDC：通道地址线；

ALE：高电平有效的地址锁存允许线，地址选通信号在ALE的下降沿锁存到地址锁存器；

SC：启动转换信号，该信号的上升沿将逐位逼近寄存器（SAR）清零，下降沿启动A/D转换过程；

EOC：转换结束信号，该信号在SC上升沿后1~8个时钟周期后变为低电平，A/D转换结束后又变成高电平；

D0～D7：8位数据输出线，用于输出转换结果；

OE：输出允许线，此信号的高电平打开三态输出缓冲器，将转换结果送到D0～D7端口；

CLK：时钟输入端，最高频率为640 kHz，ADC0809完成一次A/D转换共需64个时钟周期；

REF（+）和REF（-）：参考电压输入端。

不考虑ADC0809具体连接的微处理器类型，根据引脚功能，可确定对ADC0809的基本操作过程：首先，向CLK输入时钟信号，对某一输入通道进行A/D转换前，向ADDA，ADDB，ADDC三个端口输入相应信号，由于三位二进制数有八种组合情况，每一种组合都可以选择一个通道，之后向ALE引脚输入低电平信号，将上述三位地址选择数据组合锁存。继而向SC引脚输入一具有上升沿和下降沿的脉冲信号，之后，当EOC和OE引脚都为低电平时，说明ADC0809已经完成一次转换并可以读出，从而可在D0～D7各引脚上读出转换结果。

2.3.4 数据采集卡

在工程实际中，常基于数据采集卡构建数据采集系统，其核心元件便是A/D转换器。数据采集卡的功能不仅限于A/D转换，一般还具有数字信号输入输出和模拟信号输出功能，对工业现场的需求具有很好的适用性。在选择数据采集卡时，需关注的性能指标主要包括A/D转换器性能、输入输出通道数、多通道同步采样能力和总线类型等。其中，总线类型决定了采集卡如何与计算机相连。比如，PCI总线的采集卡属于插卡型，需插在计算机主板的PCI插槽中；而USB形式的采集卡则通过USB接口接于计算机外部，便于携带。另外，数据采集卡上的板上存储器的大小也可以作为参考指标，这种存储器临时保存A/D转换器的转换结果，一般使用FIFO，计算机可批量读取存储器中的数据，相当于对数据起到了缓冲的作用，从而既可保证数据传输的快速性和完整性，也相对降低了数据采集程序的编写难度，尤其在高速数据采集时，容量较大的板上存储器是保证数据完整性的一个硬件基础。

使用数据采集卡时，需使用采集卡厂商指定的几种编程语言自行开发应用软件。对采集卡的各种操作，如参数设置、采集开始与停止、数据读取等，都通过调用采集卡驱动程序中的相应函数实现，即软件开发人员无须处理硬件底层的功能实现问题。另外，数据采集软件首先要确保数据的完整性，避免数据丢失现象，尤其在高采样频率数据采集时，如振动信号、噪声信号等；数据丢失会直接导致信号中出现高频成分，从而造成分析结果错误。

2.4 常用数据传输途径

传感器测得的信号经A/D转换后成为数字信号，处理器读取数据后，可以将数据直接保存至存储器，也可以将数据经由某种总线传送至另一个处理器，还可以将数据送入无线模块发送出去。所以，数据在设备信息系统中传输依托的途径可以有多种选择，总体上可分为有线和无线两类。其中，有线形式的数据传输稳定性好，但当距离很远时，布线和后期的维修改造工作量较大，常用的数据传输总线包括RS232、RS485、SPI、I2C等；无线传输则施工简单，当满足使用条件时，可以获得很好的信号质量，目前已有多种无线传输方式，可以满足多种距离要求，常用的有ZigBee、蓝牙、Wi-Fi、移动网络等。

2.4.1 总 线

以计算机为例，内部配备了CPU、内存、硬盘等器件，外部还可以连接打印机、扫描仪、移动硬盘等设备。在计算机工作时，所有数据都需经CPU读取、处理和输出，而负责传输数据的线路便是总线，通常定义为“一组能为多个部件分时共享的公共信息传送线路”。其中，共享指的是所有部件都可以使用同一条总线，但同一时刻只允许一个部件使用总线收发信息，所以，当存在多个部件时，它们只能“分时”地使用总线。比如，A/D转换器输出的数字信号便是通过一定的总线被处理器读取，处理器将读到的数据传送给其他器件也是通过总线。不同类型的总线在机械尺寸、传输速度、电气标准等方面都不相同，所以，从系统开发的角度看，很有必要了解总线的基本概念和不同总线的功能特点。

按照总线连接器件的不同，可以分为内部总线、系统总线和外部总线。内部总线连接的是芯片一级的器件，常用的有I2C、SPI等，比如，一些A/D转换器会提供SPI总线接口，可以经SPI总线连接处理器；系统总线用于连接处理器与插件板，属于板卡一级的连接，如PCI总线；外部总线则负责连接计算机与外部设备，如USB、RS232、RS485等总线。按照数据传输的方式，分为串行总线和并行总线。但随着处理器位数的增加，并行总线的线数不宜继续增加，所以，目前串行总线较为常用。按照总线上传输数据类型的不同，可以分为数据总线、地址总线和控制总线，当然，通常会出现分时复用现象，即在同一根线路上，不同的时间会传输不同类型的数据，其目的是提高线路的利用效率和数据传输速率。

将总线每秒钟能够传输的字节数称为总线的传输速率，这是评价总线性能的一个重要指标。在实际应用中，应根据所需的数据传输速率选择总线。同时，总线传输速率与总线的最大长度之间存在一定关系，传输速率越高，总线长度会越短，否则易产生信号失真现象。

2.4.2 常用串行总线

数据传输时可以使用的总线种类很多，其中，串行总线的使用十分广泛。但传输距离较近时，尤其是数据只在电路板上的芯片间传输时，常使用I2C和SPI总线；当数据在处理器和外部设备间传输时，使用较多的则是RS232和RS485总线。

I2C和SPI都属于串行内部总线，很多A/D转换器和MEMS传感器会配置这两种总线接口，若自行开发数据采集的软硬件系统，很可能会涉及这两类总线的使用。

I2C总线是一种双向二线制同步串行总线，即只用两根线实现全双工通信。I2C的两根线分别是数据线（SDA）和时钟线（SCL），可以同时挂载多个带有I2C接口的器件。同时，I2C总线上可以存在多个主机，并提供了同步和仲裁机制，以防止多个主机同时访问一个从机时的冲突。在传输速度方面，I2C总线支持三种传输模式，分别为标准模式、快速模式和高速模式，对应的数据传输速度分别为100 Kibit/s、400 Kibit/s和3.4 Mibit/s。因此，I2C总线适用于低速数据传输场合。

SPI总线是一种双向同步串行总线，共有四根线，分别是串行时钟线（CSK）、主机输入/从机输出数据线（MISO）、主机输出/从机输入数据线（MOSI）和低电平有效从机选择线（CS），每根线的功能十分清晰，易于操作。相对于I2C总线，SPI总线最突出的特点是高速性，可以达到几兆位每秒的速度，有的器件甚至可以达到几十兆位每秒的速度，因此，被广泛用于存储器、A/D转换器、LED显示驱动器等器件中。另外，SPI总线上只有一个主机，主机可以连接多个从机，主机会为每个从机提供一个引脚，用于连接CS，通过设置主机相应CS引脚的输出来实现从机选择。

当进行计算机与外部设备间的数据传输时，通常采用RS232或RS485总线。这两种总线出现时间较早，目前的应用已极为广泛，一般的个人计算机都会提供RS232接口。其中，RS485在RS232之后出现，具有更好的综合性能，比如，在传输速度方面，RS232可达到20 Kibit/s，而RS485则为10 Mibit/s，在传输距离方面，则分别是15 m和1200 m。另外，RS485可以实现一发多收的通信方式，计算机可通过该总线同时连接32个设备，甚至更多。当然，在传输速率低、距离近时，也可优先选择RS232总线。

USB总线则是一种传输速率高、适用于近距离数据传输的串行总线，目前应用极其普遍，使用USB接口的设备数不胜数。当连接外部设备时，USB总线长度一般为3～5 m，如果使用网线或光纤传输，可大幅度提高传输距离。另外，由于USB属于外部总线，当自行开发基于USB总线的设备时，需编写相应的驱动程序，使计算机能够识别和操作该设备。

2.4.3 常用无线通信模块

数据的无线传输一直是测试、监测、网络等技术领域的重要发展方向，也是无线传感器必须具备的功能。目前常用的无线传输模块主要有ZigBee、LoRa、GPRS、4G、5G和Wi-Fi等，这几种模块的传输速度、有效距离和应用场合都有所不同，在实际使用中应根据具体要求进行选择。

ZigBee模块主要由微处理器、射频收发器和天线组成，一般采用2.4 GHz无线频段传输数据，传输方式为透明传输，传输速度为10～250 Kibit/s，距离为10～100 m。使用多个ZigBee模块可以组建无线网络，网络中包括协调器、路由器和终端模块，都称为网络的节点。其中，协调器是网络的中心，用于启动和配置网络，一个网络中只能有一个协调器节点；协调器可收发数据，用于连接其他节点，也可对其他节点传输的数据进行中转；终端模块则只用来收发数据。理论上，一个ZigBee网络最多可使用65536个节点，特别适用于低速、近距离、被测或被控对象数量较多的场合。

LoRa无线模块的最主要特点是可实现超远距离数据通信，在市区的传输距离可达到5 km，而在没有障碍物的空旷区域则可达到15 km。当然，在远距离通信的同时，LoRa模块的传输速率较低，最大速率为37.5 Kibit/s。同时，这种模块的功耗相对较低，对于射频收发器来说，睡眠时电流为0.2 μA，接收时为10 mA，发送时则为120 mA。因此，LoRa模块适用于距离远、数据量小的传输场合，已在自动抄表、智慧城市等领域获得大量应用。

GPRS，即通用分组无线电服务，是一种移动通信技术，可通过电信运营商的基站连入互联网，实现远程通信。因此，GPRS无线通信方式没有严格的距离限制，而且GPRS模块可在电信网络信号覆盖区域内自由移动，这比ZigBee、LoRa等无线方式具有明显优势。但是，GPRS模块的传输速度相对较低，只能达到100 Kibit/s以上，而且实际速度会更低，加之需支付流量费，所以，GPRS模块适用于数据量少、不频繁传输的场合。

与GPRS模块类似，4G模块则是利用4G网络实现数据的无线传输，由于4G网络的覆盖范围广，所以，4G模块也没有传输距离限制。同时，4G模块的传输速度远高于GPRS模块，最高可达到100 Mibit/s，可以满足绝大多数数据传输需求。另外，在使用GPRS模块和4G模块时，需配置物联网卡，该卡外观与一般SIM卡十分相似，功能也类似，但无法进行语音通信。

2.5 系统开发示例

目前，机器人的应用日益广泛，尤其在工业生产中，其应用规模越来越大，能够显著提高生产质量和生产效率，并可以减少生产成本。在传统生产设备向机器人过渡的进程中，提高机器人状态监测与设备管理水平便成为一种需求。考虑到串联机械臂在工业机器人中所占比例最大，所以以串联机械臂为对象，介绍状态监测系统的基本构成情况和实现过程。

2.5.1 硬件系统总体结构

生产现场中往往存在多个串联机械臂，虽然每个机械臂的工作任务不尽相同，机械臂的结构尺寸也可能大小不一，但机械臂的工作原理和基本结构都是一致的，主要由关节、连杆和末端执行机构构成，从而每个机械臂上使用相同的传感器类型和测点布置方式，后期的数据处理方法也存在诸多相同之处。同时，监测系统应面向多个机械臂或机械臂群，为便于数据收集、处理和人工查看，采用了基于网络的系统构成方式。

根据上述分析，机械臂监测系统的硬件构成情况如图2.3所示。该监测系统主要由采集终端、云端、PC端三部分组成。采集终端是基础功能部件，每台机械臂分配一个采集终端，负责数据的采集与传输。采集终端的微处理器模块使用STM32F7，协调其他模块完成信号采集、存储和传输工作；传感器主要使用能够同时检测三向加速度和角速度信号的MEMS传感器，这种传感器精度满足需求，功耗低，输出为数字信号，便于电路设计；USB存储模块可以保存本地数据，虚拟串口模块便于计算机现场读取数据。另外，4G网络通信模块可以将测得的数据上传至云端服务器。

监测系统支持数据的本地采集与远程采集两种方式。本地方式通过虚拟串口将信号上传到PC端，可在计算机中实时显示波形信息，并可进行各种数据处理；远程方式则是PC端首先通过SOCKET与云端建立远程连接，然后通过云端向采集终端发送控制指令，STM32接收指令，对采集终端进行参数配置和控制。

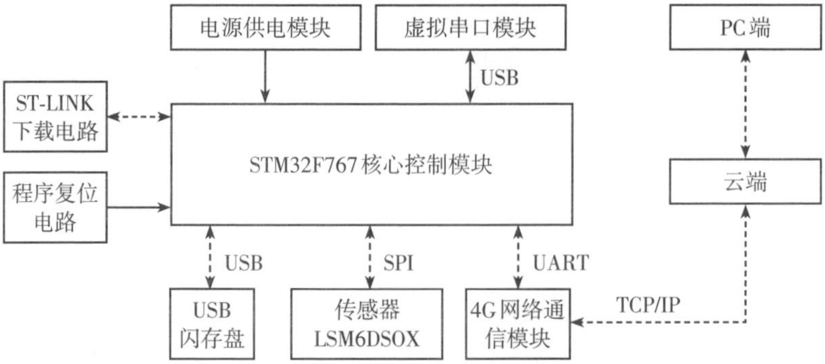

图2.3　监测系统硬件构成原理

云端是监测系统的核心，承担数据存储、指令转发、文件处理等工作。PC端远程监测方式可从云端下载文件并对数据进行时频域分析、处理，得到分析结果，从而确定机械臂工作状态。同时，由于云端的存在，采集终端的放置地点不受限制，只要能够进行4G信号传输即可正常运行，所以，监测系统不存在空间区域的限制，可面向一个车间、一个工厂，也可面向散布在世界各地的被测机械臂。

具体的硬件设计主要集中在采集终端部分，围绕STM32的各功能模块都需要进行电路设计，其中，网络通信模块部分的设计相对复杂，且自成体系。系统选用了GM510作为4G通信芯片，具有短信、网络通信、基站定位、网卡、HTTP等功能，通过AT指令进行控制，可以监测到150~115200 bit/s的波特率的信号，TTL串口信号电平3.3 V，方便连接MCU带有UART的设备通信。

图2.4　采集终端电路板实物

最终制作完成的采集终端电路板实物如图2.4所示，该电路板尺寸为10 cm × 10 cm，支持12 V电源供电和USB供电，涵盖了图2.3中除PC端、云端和传感器之外的所有功能模块。

2.5.2　软件系统组成

在明确硬件系统构成并完成采集终端制作后，需开发软件系统。如图2.5所示，软件系统包括三个部分，即采集终端软件、云端软件和PC端软件，PC

端软件也可称为客户端或用户端软件。其中，采集终端软件根据具体的电路进行编写，调试成功后下载入STM32中，云端和PC端软件用高级程序语言编写，分别运行于云端服务器和用户端计算机中，同时，可以多台计算机安装相同的PC端软件，与云端软件通信。以测试所得数据为核心，软件系统的三个部分通过网络形成一个完整的功能体系。所以，必须确保软件运行过程中数据传输的完整性和高效性。

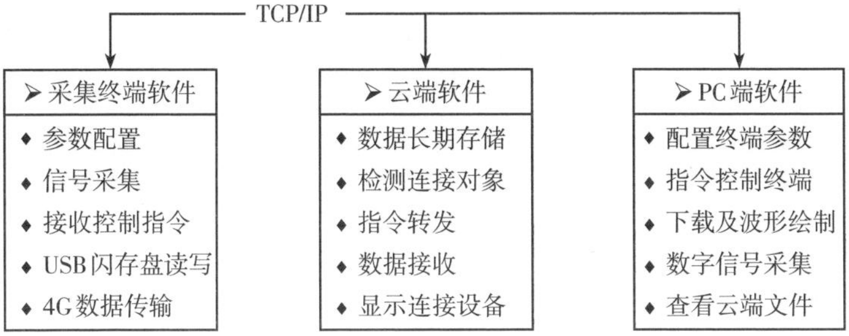

图2.5　软件系统总体构成

采集终端软件根据硬件系统中的器件配置和具体电路进行开发，作用是操控硬件，使各硬件模块实现应有功能，所以，终端软件功能与硬件构成是对应的。如图2.6所示，给出了每种硬件的具体实现方式，比如，传感器配置中，需由软件设置触发方式和采样频率等参数，4G模块中需对网络配置、指令接收和数据收发进行具体实现。

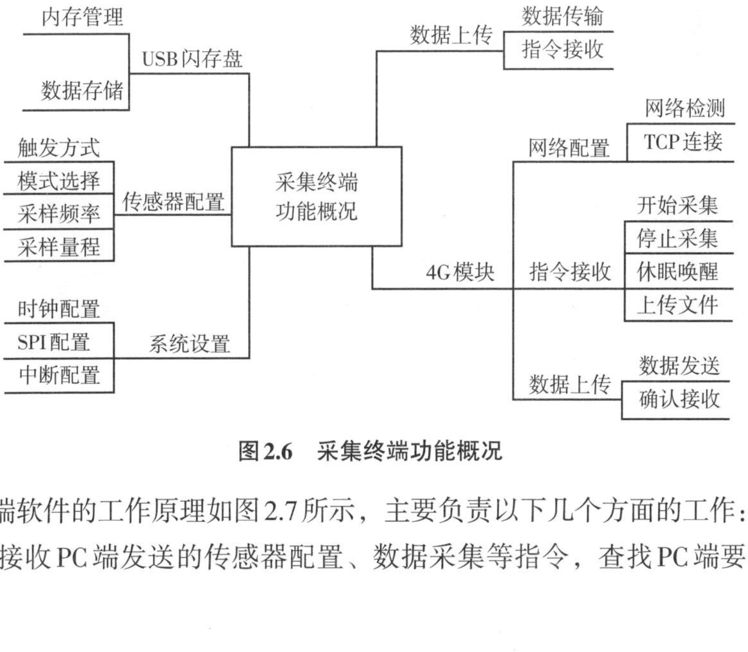

图2.6　采集终端功能概况

云端软件的工作原理如图2.7所示，主要负责以下几个方面的工作：

① 接收PC端发送的传感器配置、数据采集等指令，查找PC端要求配置

的采集终端设备，将指令转发给对应的采集终端，起到数据转发的作用；

② 接收来自采集终端的数据文件，进行数据存储管理，将数据保存在对应设备的文件路径；

③ 当某一PC端请求获取数据文件时，云端将根据文件信息查找文件，将文件内容以数据包的形式发送给对应的PC端。

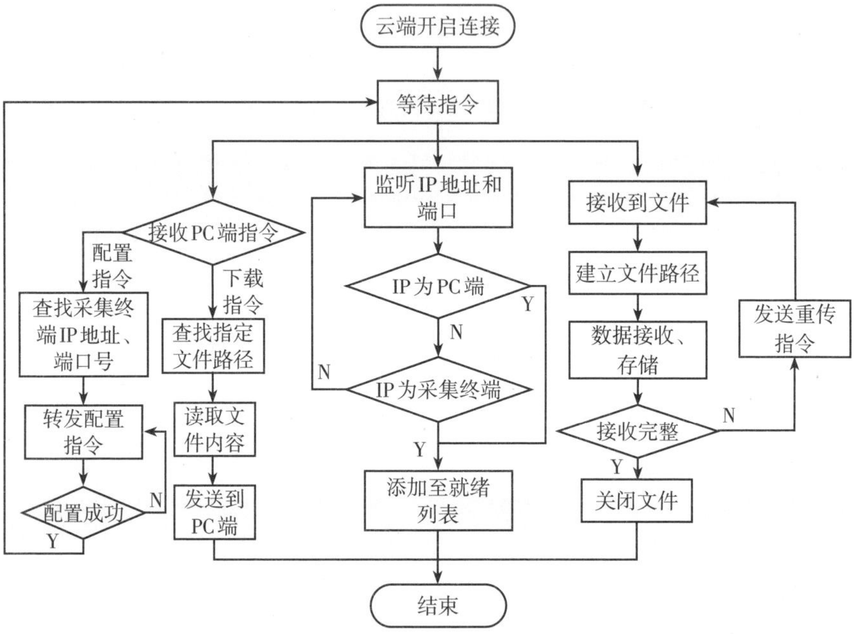

图2.7　云端软件程序设计

由云端软件的工作内容可以发现，其主要功能为网络连接、网络通信和文件管理，而且云端软件同时面对多个采集终端和多个PC端，工作任务多样，需不断进行网络收发和文件系统操作，所以，云端软件须严格保证通信目标的准确性和通信内容的安全性。

另外，与采集终端不同的是，云端软件可以开发界面，可以进行人工操作。图2.8为云端软件界面，界面中提供了可人工操作的网络连接和数据发送等功能按钮，还提供了连接状态和云端文件的信息列表。当然，云端软件以自动运行为主，人工操作为辅。

图2.8 云端软件界面

PC端软件的基本构成情况如图2.9所示，是软件系统中功能最多的一个部分，需要与云端建立网络连接，控制采集终端的工作模式及数据收发功能，又需要通过虚拟串口有线连接采集终端，完成配置与数据传输功能，还需要处理数据，对机械臂的工作状态进行评估。当然，数据处理和机械臂状态评估功能也可以由云端软件实现，具体的功能分配方式应结合监测对象的实际情况和具体的任务要求确定。

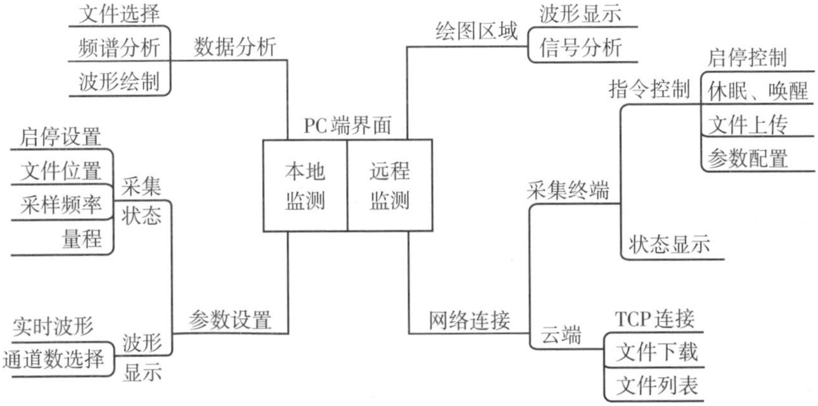

图2.9 PC端软件程序流程

第3章 数据预处理方法

3.1 异常点检测

对于测试所得的大量数据来说，存在随机误差是正常的，但数据中的异常值与随机误差无关。传感器或测试仪器的状态异常、外界干扰、数据传输不良甚至程序错误，都可能使数据集或信号中出现异常值，表现为数值明显过大或过小，脱离整体数值的聚集区间，所以，也可称为离群点。被测对象状态的瞬时突变也会使被测数值产生明显变化，比如压力突然升高、温度骤然变化、转轴断裂等，显然，此时测到的数据能够反映被测对象的重要信息，需慎重对待，不能轻易当作异常点处理。

对于异常点，有检测和处理两方面工作。其中，处理异常点的方法通常包括直接删除、平均值替代、重新测试等。处理方法较为简单，且应根据具体需求而定。异常点的检测方法较多，对于静态测量数据，一般采用3σ准则法和箱线图法，这两种方法原理清晰，简便易行，具有很好的实用性。

3.1.1 3σ准则法

3σ准则又称拉依达准则，它假设被检测的数据$X=\{x_1, x_2, \cdots, x_N\}$为正态分布，即$X\sim N(\mu, \sigma^2)$，其中$\mu$为均值，$\sigma$为标准差。在正态分布中，数值分布在$(\mu-3\sigma, \mu+3\sigma)$区间内的概率为0.9974，在此区间外的数值则明显过大或过小，因此，3σ准则法将此类数值视为异常值。

使用3σ准则时，需计算均值μ和标准差σ，即

$$\mu=\frac{1}{N}\sum_{n=1}^{N}x_n \tag{3.1}$$

$$\sigma=\sqrt{\frac{1}{N-1}\sum_{n=1}^{N}\left(x_n-\mu\right)^2}\tag{3.2}$$

另外，只有数据量足够多时，才能逼近真实的概率分布，或得到较为正确的均值和标准差，因此，当数据量较小时，使用3σ准则可能造成结果错误。比如数据集$\{2,3,5,21\}$，21明显大于其他3个数，属于异常值，计算可得$\mu-3\sigma=-19.0128$，$\mu+3\sigma=34.5128$，从而未得到异常值，其原因在于，在计算均值时，21的影响过大，如果使用2，3，5计算均值，会得到3.33，而计入21后，均值为7.75，比3.33更靠近21，使得无法将其识别为异常值。所以，只有数据量达到可降低异常值对均值和标准差的影响时，3σ准则法才具有实际意义。

3.1.2　箱线图法

箱线图法以统计学中的四分位数为基础。所谓四分位数，指的是在由小到大按序排列的一组数据中，处于3个对数据个数四等分位置处的数值。当数据满足正态分布条件时，可以使用箱线图法进行异常点的检验。

使用箱线图法检验数据集 X 时，应首先获得四分位数。由于数据个数并不能保证被4整除，所以分位数的计算方法很多，以下介绍的方法全面考虑了各种情况，并具有统一的计算公式，数学意义明确，便于编写计算程序，适用于信息的自动处理。

将数据集中的数据按升序排列，排序结果为$X=\{x_1,\ x_2,\ \cdots,\ x_N\}$，共有3个分位数，设第$k(k=1,\ 2,\ 3)$个分位数$Q_k$在数据集中的位置为$D_k$，$D_k$的计算方法为

$$D_k=1+\frac{k(N-1)}{4}\tag{3.3}$$

由于D_k很可能不是整数，所以设整数部分为$\bar{D}_k$，余数部分为$\tilde{D}_k$，则

$$Q_k=x_{\bar{D}_k}+\tilde{D}_k\left(x_{1+\bar{D}_k}-x_{\bar{D}_k}\right)\tag{3.4}$$

式（3.4）综合了与D_k有关的两个位置的数值，余数$\tilde{D}_k$起到加权的作用，余数越大，则相邻两位置处的数值差对计算结果的影响越大。

继而，计算第三和第一分位数的差值IQR：

$$IQR=Q_3-Q_1\tag{3.5}$$

将$Q_3+1.5IQR$和$Q_1-1.5IQR$称为内限，Q_3+3IQR和Q_1-3IQR称为外限，

对于位于内限与外限之间的数值，可认为是温和的异常值，而外限之外的数值则为极端异常值。

将上述分位数、内限和外限用图形表示，称为箱线图，如图3.1所示。可见，箱线图能够直观表达出正常和异常数据的分布区间，还能够表现出数据的聚集和分散状态，因此，是数据统计的一个重要方法。

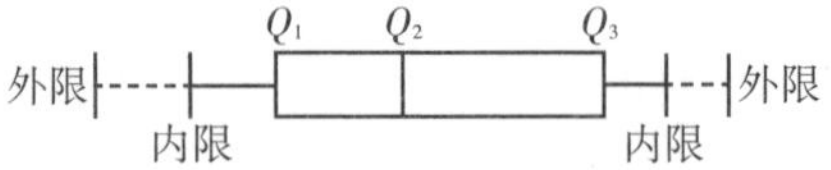

图3.1　箱线图示意

3.2　波形平滑

对于时变信号，比如液压压力波动信号、温度变化信号等，在波形中经常会存在毛刺状成分，这种成分的形成原因有三种：一是被测物理量的真实随机波动；二是测试系统的随机误差；三是信号传输过程中混入的干扰噪声。但在波形观察和分析时，经常只希望得到信号的总体波动特征和趋势方向，此时，信号中的毛刺状成分和小幅短时波动便成为无关信息，因此，有必要对原始波形做平滑处理。

波形平滑方法有很多种，其中，多数方法的核心计算方法是移动平均，此类方法计算过程简单，数学意义明确，并可调整平滑程度，因此，以下介绍基于移动平均的波形平滑方法。

设被测信号为$x_n(n=0, 1, 2, \cdots, N-1)$，简单的移动平均处理可以按式（3.6）进行：

$$y_n=\frac{1}{M}\sum_{k=k_0}^{k_0+M-1}x_{n+k} \tag{3.6}$$

式（3.6）中，y_n为平滑结果，M，N为正整数，$M<N$，k_0为整数，满足$k_0+n\geqslant 0$，且k_0和M应满足$0\in[k_0, k_0+M-1]$，同时，k_0的取值不固定，可根据当前n值进行调整，比如，当$n=0$时，可令$k_0=0$，而当$n=1$时，则可令$k_0=-1$。

式（3.6）将x_n和与之相邻的$M-1$个点的平均值作为第n个点的平滑结果，由于随机信号的多点求和结果趋近于零，因此，通过移动平均处理可抑制甚至消除波形中的毛刺状成分。同时，M 的取值越大，y_n 会越平滑，但也可能改变原波形的波动特征；反之，较小的 M 值，会导致 y_n 的平滑程度不够理想。

对于式（3.6），在进行多点平均时，每个点的权重是相同的，计算 y_n 时，x_n 对计算结果的影响与其他点是一样的，因此，为突出某些点对平滑结果的影响，可以使用加权平均的方法进行多点移动平均处理，即

$$y_n = \sum_{k=k_0}^{k_0+M-1} h_{k-k_0} \cdot x_{n+k} \tag{3.7}$$

式（3.7）中，h_i 为大于零的加权系数，应满足

$$\sum_{i=0}^{M-1} h_i = 1 \tag{3.8}$$

式（3.8）是为了保证平滑结果的幅值与原信号幅值匹配，同时，这种加权平均方法并不能确保波形获得比简单平滑更好的效果，平滑效果由 h_i 的取值决定。

多点移动平均方法以信号的滤波理论为基础，属于低通滤波的一种，同时，加权平均中 h_i 的值也应根据平滑目标，由滤波理论得到。因此，多点移动平均方法并不是盲目的，也不是仅以获得光滑波形为简单目的。同时，在实际测试中，物理量波动的真实波形是未知的，对信号的平滑处理很可能移除部分真实波动波形，从而导致有用信息丢失，所以，并不是所有信号都需做平滑处理，尤其对于振动、噪声等快变信号，甚至完全不必进行波形平滑。

3.3　均值与趋势项

3.3.1　去均值

均值是测试得到的所有数据的算术平均值。在静态数据和动态信号分析中，均值都具有一定的实际意义。对于静态测量数据，比如零件的尺寸、物体的重量，均值更接近真实值；而对于动态信号，均值的处理应视具体情况而定。以下主要介绍动态信号的均值处理问题。

设信号为 x_n（$n=0$，1，2，…，$N-1$），其均值为

$$\bar{x} = \frac{1}{N}\sum_{n=0}^{N-1} x_n \tag{3.9}$$

图3.2中的动态信号围绕幅值1波动，即 $\bar{x}=1$，均值的成因有两种可能：一是传感器自身的漂移或测试系统中混入直流信号，因此，均值也通常被称为信号的直流分量；二是被测物理量本身便以1为平衡位置上下波动。所以，在分析信号时，若只关心信号的均值，则直接计算即可，但多数情况下，更需要了解物理量的波动特征，则进行去均值处理，即

$$y_n = x_n - \bar{x} \tag{3.10}$$

信号去均值后，其均值为零，可避免后续计算分析中均值的影响，是信号分析中十分常用的预处理方法。

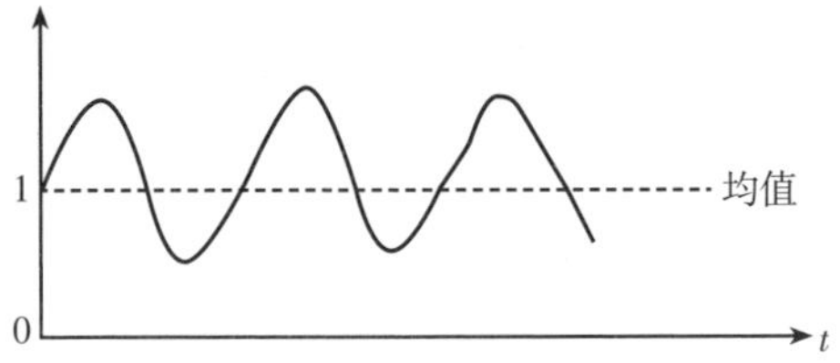

图3.2　动态信号均值示意图

3.3.2　去除线性趋势项

以直流分量形式存在的均值只是一种特殊情况，信号中更普遍存在的是趋势项。趋势项是动态信号中叠加线性项或缓变非线性项。如图3.3所示，信号 x_n（$n=0，1，2，\cdots，N-1$）围绕一线性项波动，波形整体不断向上。趋势项的形成可能与传感器或测试系统有关，也可能由被测物理量均值的线性变化造成，比如，若图3.3中的波形为被测对象的速度变化情况，如果速度不断升高，在升高过程中又存在波动，则形成图中波形。所以，与对均值的处理类似，为更方便地分析波动特征，有必要去除趋势项，但趋势项也具有一定的物理意义，可以对其单独分析。

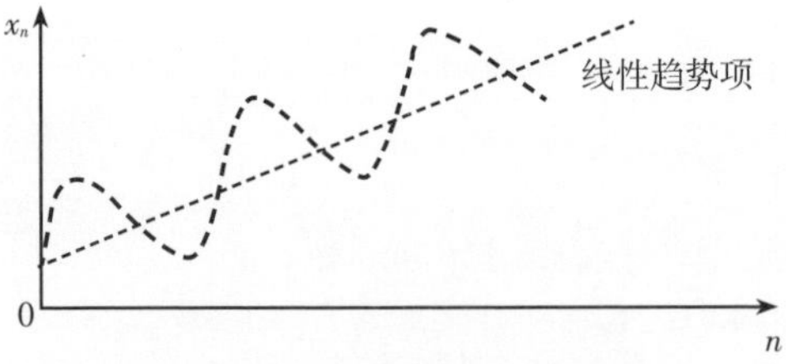

图3.3　线性趋势项示意图

去除线性趋势项的主要方法为最小二乘法，其思想为找到一条直线

$y_n = a + bn$，以信号与该直线间的距离的平方和为目标函数，即

$$J(a,\ b) = \sum_{n=0}^{N-1}(x_n - y_n)^2 = \sum_{n=0}^{N-1}(x_n - a - bn)^2 \tag{3.11}$$

可见，当 $J(a,\ b)$ 的值最小时，直线 y_n 最逼近信号的趋势项，所以，首先求其关于 a 和 b 的偏导，并令结果为零，即

$$\frac{\partial J(a,\ b)}{\partial a} = 2\sum_{n=0}^{N-1}(x_n - a - bn) = 0 \tag{3.12}$$

$$\frac{\partial J(a,\ b)}{\partial b} = 2\sum_{n=0}^{N-1}(x_n - a - bn)n = 0 \tag{3.13}$$

将以上两式联立成方程组，可得

$$a = \left[\sum_{n=0}^{N-1}n^2\sum_{n=0}^{N-1}x_n - \sum_{n=0}^{N-1}n\sum_{n=0}^{N-1}(nx_n)\right]\left[N\sum_{n=0}^{N-1}n^2 - \left(\sum_{n=0}^{N-1}n\right)^2\right]^{-1} \tag{3.14}$$

$$b = \left[N\sum_{n=0}^{N-1}(nx_n) - \sum_{n=0}^{N-1}n\sum_{n=0}^{N-1}x_n\right]\left[N\sum_{n=0}^{N-1}n^2 - \left(\sum_{n=0}^{N-1}n\right)^2\right]^{-1} \tag{3.15}$$

确定 y_n 后，可以计算

$$\tilde{x}_n = x_n - y_n \tag{3.16}$$

则信号中的趋势项得以去除。同时，由式（3.14）和式（3.15）可以发现，信号点数 N 会影响计算结果。由于实际信号的趋势项不会如图3.3所示那样理想，会出现趋势项的转折和弯曲，所以应先观察波形，选取趋势项变化趋势较为一致的信号段依次处理，且需保证每段信号的波形围绕趋势项进行了多次波动，否则会得不到真实的趋势项。

当然，上述线性趋势项是一种最简单的情况，实际中的信号趋势项多是缓变曲线，此时，可以使用高通滤波、经验模态分解等方法进行去除。

第4章 动态信号的常用分析方法

4.1 内积与卷积

机械设备的动态信号主要包括振动、噪声、动态应变、动态负载等。由于信号分析方法众多，设备类型多样，因此，如何分析信号并提取出与设备状态有关的信息，一直是一个重要问题。在信号分析方法中，波形分解是一种最基本、最常用的方法，分解结果能够揭示信号的结构组成，并更直观地反映出信号所携带的设备信息。多数信号分解方法实现过程中，都使用了内积和卷积。

内积和卷积是信号分析中的两个基本运算，其数学和物理意义也是信号分析理论的重要基础。绝大多数以波形分解为目标的分析方法的实质都是内积或卷积，如傅里叶变换的实质是内积运算，小波变换则为卷积运算。所以，深刻理解内积和卷积运算，是学习和应用动态信号分析理论的关键。

4.1.1 内 积

对于平方可积空间 $L^2(R)$ 中的函数或信号 $x(t)$ 和 $y(t)$，它们的内积为

$$\langle x(t),\ y(t)\rangle = \int_{-\infty}^{+\infty} x(t)y^*(t)\mathrm{d}t \tag{4.1}$$

式（4.1）中，“*”表示共轭。对于实离散信号 $x(n)$ 和 $y(n)$（$n \in [0,1,2,\cdots,N-1]$），内积为

$$\langle x(n),\ y(n)\rangle = \Delta\sum_{n=0}^{N-1} x(n)y(n) \tag{4.2}$$

其中，Δ 为采样时间间隔。由式（4.2）可见，内积运算时，首先将两离散信号中相同位置处的幅值相乘，将乘积求和后再与时间间隔相乘，所以，离散信号的内积解算十分简便，易于程序实现。

内积运算常用的基本性质如下：

① $\langle x, y\rangle=\langle y, x\rangle$

② $\langle \lambda x, y\rangle=\lambda\langle x, y\rangle$

③ $\langle x+z, y\rangle=\langle x, y\rangle+\langle z, y\rangle$

为说明内积运算的作用，首先以向量内积为例进行说明。两个二维向量 $\boldsymbol{A}=\{a_1, a_2\}$ 和 $\boldsymbol{B}=\{b_1, b_2\}$ 的内积为

$$\boldsymbol{A}\times\boldsymbol{B}=a_1b_1+a_2b_2=|\boldsymbol{A}||\boldsymbol{B}|\cos\theta \tag{4.3}$$

式（4.3）中，$|\boldsymbol{A}|$ 和 $|\boldsymbol{B}|$ 分别为 $\boldsymbol{A}$ 和 $\boldsymbol{B}$ 的模，θ 为夹角。可见，当向量 $\boldsymbol{A}$ 和 $\boldsymbol{B}$ 的模一定时，它们内积的值便取决于向量间的夹角，即当 $\theta=0$ 时，内积值最大。如图4.1所示，在平面坐标系中每个圆上所有的点对应的向量的模都相等，如果1号圆上的 A 点固定，则2号圆上的 B 点与 A 点对应的向量间的内积值最大，同时，在2号圆上离 B 越远的点，如 C 点和 D 点，与 A 点对应的向量间的内积值将越小，而对于最远的 E 点则内积值最小。同时，A 点和 B 点都位于直线 $y=kx$（k 为常数）上，则有 $\{a_1, a_2\}=\beta\cdot\{b_1, b_2\}$（$\beta$为常数），即

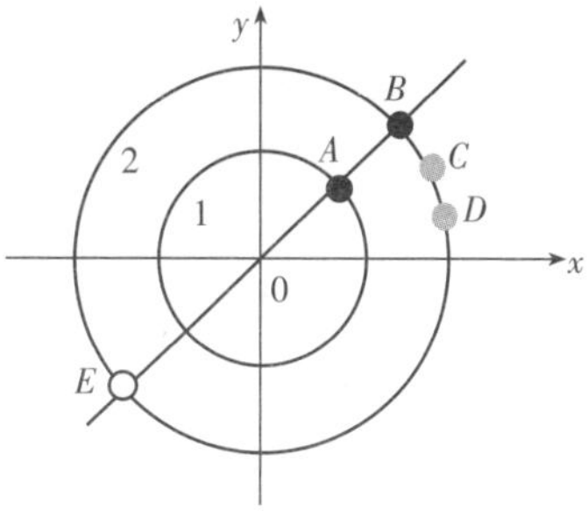

图4.1　二维向量内积的图示说明

$$\frac{a_1}{b_1}=\beta_1,\ \frac{a_2}{b_2}=\beta_2,\ \beta_1=\beta_2=\beta$$

所以，两向量的内积值反映的是两向量中同位置元素间比值 β_n 的一致性：当内积值为正时，值越大则说明 β_n 的一致性越好；当内积值为负时，值越小则一致性越好，且两向量越趋近于方向相反。

进一步地，对于高维向量 $\boldsymbol{A}=\{a_1, a_2, \cdots, a_N\}$ 和 $\boldsymbol{B}=\{b_1, b_2, \cdots, b_N\}$ 的内积，其性质与二维向量相同，仍然是反映 $\beta_n=a_n/b_n$ 之间的一致性。设有3个零均值八维向量 $\boldsymbol{A}$、$\boldsymbol{B}$ 和 $\boldsymbol{C}$，分别为

$$\boldsymbol{A}=\{-1.125,\ -0.125,\ 1.875,\ -1.125,\ 0.875,\ -0.125,\ -1.125,\ 0.875\}$$

$$\boldsymbol{B}=\{-2.25,\ -0.25,\ 3.75,\ -2.25,\ 1.75,\ -0.25,\ -2.25,\ 1.75\}$$

$$\boldsymbol{C}=\{1.125,\ 0.125,\ -1.875,\ 1.125,\ -0.875,\ 0.125,\ 1.125,\ -0.875\}$$

其中，$\boldsymbol{A}$ 和 $\boldsymbol{B}$ 中同位置元素间的比值 β_n 均相等且为正，即内积值为正；$\boldsymbol{A}$ 和 $\boldsymbol{C}$ 得到的 β_n 相等且为负，即内积值为负。如果以序列 $X=\{1, 2, \cdots, 8\}$ 为横坐

标，向量中各元素值为纵坐标，可得到如图4.2所示的曲线。可见，向量$\boldsymbol{A}$和$\boldsymbol{B}$对应的曲线形状相似，波动同步，即同时达到极大值、极小值和零点，而向量$\boldsymbol{C}$对应的曲线形状和波动情况则正好与另两条曲线相反，所以，内积值的正负和大小可反映曲线间的相似程度。由于信号也可画出以时间为横坐标、以所测数值为纵坐标的曲线波形，所以，信号$x(t)$和$y(t)$之间的内积结果同样反映的是两信号波形间的相似程度。

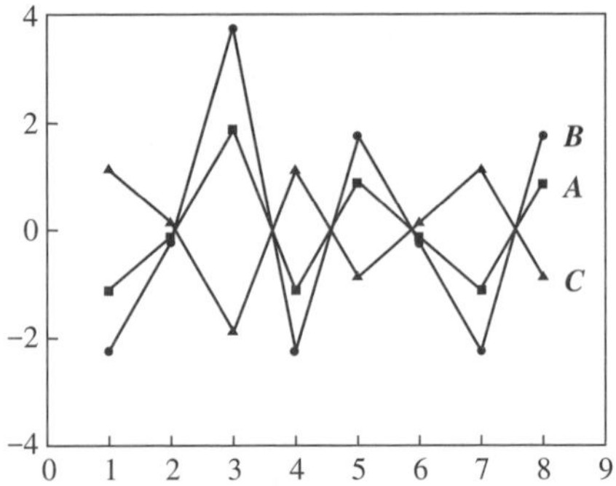

图4.2　高维向量的曲线表达

另一方面，式（4.3）中的“$|\boldsymbol{B}|\cos\theta$”可以理解为将向量$\boldsymbol{B}$投影至向量$\boldsymbol{A}$方向上，易知，$|\boldsymbol{B}|\cos\theta$的值越大则说明两向量越相似。因此，在信号分析中，将信号$x(t)$和$y(t)$的内积运算$\langle x(t),\ y(t)\rangle$也称为信号$x(t)$向$y(t)$的投影。

4.1.2　完备正交函数集与正交分解

对于$(t_1,\ t_2)$区间内的两个函数$\varphi_1(t)$和$\varphi_2(t)$，若它们的内积满足

$$\langle\varphi_1(t),\ \varphi_2(t)\rangle=\int_{t_1}^{t_2}\varphi_1(t)\varphi_2(t)\mathrm{d}t=0 \tag{4.4}$$

则$\varphi_1(t)$和$\varphi_2(t)$是正交的，即二者完全不相似。如二维向量$\{0,\ 1\}$和$\{1,\ 0\}$是正交的，平面直角坐标系中的横轴和纵轴是正交的。

对于由M个函数构成的函数集$\{\varphi_1(t),\ \varphi_2(t),\ \cdots,\ \varphi_M(t)\}$，若在区间$(t_1,\ t_2)$内满足

$$\langle\varphi_i(t),\ \varphi_j(t)\rangle=\int_{t_1}^{t_2}\varphi_i(t)\varphi_j(t)\mathrm{d}t=\begin{cases}0, & i\neq j\\ K_i, & i=j\end{cases} \tag{4.5}$$

K_i为常数，则称该函数集为正交函数集，即函数集中的每个函数只与自己相似，与其他函数完全不相似，或者说各函数之间是相互独立互不影响的。如果除了正交函数集$\{\varphi_1(t),\ \varphi_2(t),\ \cdots,\ \varphi_M(t)\}$中的函数之外，不存在其他函数$\phi(t)\left(0<\int_{t_1}^{t_2}\phi(t)\mathrm{d}t<\infty\right)$满足

$$\langle\phi(t),\ \varphi_i(t)\rangle=\int_{t_1}^{t_2}\phi(t)\varphi_i(t)\mathrm{d}t=0 \tag{4.6}$$

则称$\{\varphi_1(t),\ \varphi_2(t),\ \cdots,\ \varphi_M(t)\}$为完备正交函数集。作为简单类比，平面直角坐

标系中的横轴和纵轴便为完备正交的，因为当平面内的横轴和纵轴设定后，在平面内找不到其他方向的坐标轴能够与横轴或纵轴正交。因为具有正交性，当将一向量分别投影至横轴和纵轴时，两个方向不会相互影响，且两个方向的投影结果各自反映向量在该方向上的长度；因为横轴和纵轴是完备正交的，所以只需用向量在两方向上的投影即可完整表达向量。同时，上述向量正交分解可表达为向量与横轴向量和纵轴向量的内积运算（见图4.3），如向量 $\boldsymbol{A}=\{a_1,\ a_2\}$ 向横纵坐标投影为

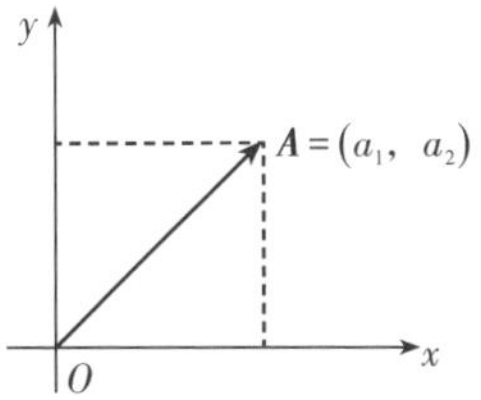

图4.3 二维向量的正交分解

$$\langle \boldsymbol{A},\ \boldsymbol{I}_x \rangle = a_1 \times 1 + a_2 \times 0 = a_1 \tag{4.7}$$

$$\langle \boldsymbol{A},\ \boldsymbol{I}_y \rangle = a_1 \times 0 + a_2 \times 1 = a_2 \tag{4.8}$$

其中，$\boldsymbol{I}_x$ 和 $\boldsymbol{I}_y$ 分别为两坐标轴上的单位向量，即向量$\boldsymbol{A}$在x和y方向的投影为 a_1 和 a_2。进而，$\boldsymbol{A}$可表示为

$$\boldsymbol{A} = a_1 \cdot \boldsymbol{I}_x + a_2 \cdot \boldsymbol{I}_y \tag{4.9}$$

式（4.9）可以理解为，平面内的任意向量都可以表示为该向量在x和y方向的投影值与相应方向单位向量之积的和。

在信号分析中，经常希望了解信号的组成情况，即对信号进行分解，如果分解结果间相互正交，便可以清晰描述信号的结构。参照平面内向量的正交分解，如果给定一$(t_1,\ t_2)$区间内的完备正交函数集$\{\varphi_1(t),\ \varphi_2(t),\ \cdots,\ \varphi_M(t)\}$，就可以将信号 $x(t)$ 与各函数做内积，即对信号进行正交分解。可以假设信号 $x(t)$ 为

$$x(t) \approx \sum_{i=1}^{M} C_i \varphi_i(t) \tag{4.10}$$

对于式（4.10），需要确定的是常系数 C_i，一种方法是按照使 $x(t)$ 与 $\sum_{i=1}^{M} C_i \varphi_i(t)$ 之间的均方误差最小来确定，即

$$\frac{\partial}{\partial C_i} \int_{t_1}^{t_2} \left(x(t) - \sum_{i=1}^{M} C_i \varphi_i(t) \right)^2 \mathrm{d}t = 0 \tag{4.11}$$

将式（4.11）展开，考虑到 $\dfrac{\partial x^2(t)}{\partial C_i}=0$、$\left(\sum_{i=1}^{M} C_i \varphi_i(t)\right)^2$ 中不包含 C_i 的项对 C_i 偏导为0，并结合式（4.6），可得

$$\frac{\partial}{\partial C_i}\int_{t_1}^{t_2}\left(-2x(t)C_i\varphi_i(t)+C_i^2\varphi_i^2(t)\right)\mathrm{d}t=0$$

处理后得到

$$\int_{t_1}^{t_2}\left(-2x(t)\varphi_i(t)+2C_i\varphi_i^2(t)\right)\mathrm{d}t=0$$

从而

$$C_i=\frac{\int_{t_1}^{t_2}x(t)\varphi_i(t)\mathrm{d}t}{\int_{t_1}^{t_2}\varphi_i^2(t)\mathrm{d}t}=\frac{1}{K_i}\int_{t_1}^{t_2}x(t)\varphi_i(t)\mathrm{d}t \tag{4.12}$$

当完备正交函数集中的函数数目 $M\to\infty$ 时， $x(t)$ 与 $\sum_{i=1}^{M}C_i\varphi_i(t)$ 之间的均方误差会趋近于无穷小，式（4.10）可写为

$$x(t)=\sum_{i=1}^{M}C_i\varphi_i(t) \tag{4.13}$$

如果计算 $x(t)$ 的能量，即

$$\begin{aligned}\int_{t_1}^{t_2}x^2(t)\mathrm{d}t&=\int_{t_1}^{t_2}\left(\sum_{i=1}^{\infty}C_i\varphi_i(t)\right)^2\mathrm{d}t\\&=\sum_{i=1}^{\infty}C_i^2\int_{t_1}^{t_2}\varphi_i(t)^2\mathrm{d}t\\&=\sum_{i=1}^{\infty}C_i^2K_i\end{aligned} \tag{4.14}$$

式（4.14）称为帕斯瓦尔定理，它说明信号的能量与其在完备正交函数集中的正交分量的能量总和相等。

另外，也可以参照式（4.7）至式（4.9）确定 C_i，其中， $\boldsymbol{I}_x$ 和 $\boldsymbol{I}_y$ 为单位向量，即 $|\boldsymbol{I}_x|=|\boldsymbol{I}_y|=1$，在此条件下，式（4.7）和式（4.8）得到的值 a_1 和 a_2 即为真正的投影值。因此，如果将 $\varphi_i(t)$ 视为向量，则当 $|\varphi_i(t)|=1$ 时，即

$$\int_{t_1}^{t_2}\varphi_i^2(t)\mathrm{d}t=1$$

则 $x(t)$ 在 $\varphi_i(t)$ 上的投影值，即两者的内积为

$$C_i=\int_{t_1}^{t_2}x(t)\varphi_i(t)\mathrm{d}t \tag{4.15}$$

所以，如果需对 $x(t)$ 在各 $\varphi_i(t)$ 上的投影值进行对比分析， K_i 之间彼此相等为宜， K_i 均为1则最佳，此时，式（4.14）可表示为

$$\int_{t_1}^{t_2}x^2(t)\mathrm{d}t=\sum_{i=1}^{\infty}C_i^2 \tag{4.16}$$

即信号的总能量等于信号与各正交函数内积值的平方和。

三角函数集$\{1, \cos(2\pi \cdot f \cdot t), \cos(2\pi \cdot 2f \cdot t), \cos(2\pi \cdot 3f \cdot t), \cdots, \sin(2\pi \cdot f \cdot t), \sin(2\pi \cdot 2f \cdot t), \sin(2\pi \cdot 3f \cdot t), \cdots\}$在区间$(t_0,\ t_0 + T)$（$T = 1/f$）内便是完备正交函数集，这一函数集中任意两个函数的内积均满足式（4.5）的要求，即相同函数的内积为常数，不同函数的内积为0。由于很多物理行为的变化都可以近似为正弦波动，所以，这一函数集将在后文的傅里叶分析中被充分使用。

4.1.3 卷 积

对于两个函数$x(t)$和$h(t)$，它们的卷积为

$$y(t) = \int_{-\infty}^{\infty} x(\tau) h(t-\tau) \mathrm{d}\tau \tag{4.17}$$

式（4.17）通常简写为

$$y(t) = x(t) * h(t) \tag{4.18}$$

卷积具有以下基本性质：

① 交换律：$x(t)*h(t) = h(t)*x(t)$

② 分配律：$x(t)*\big(h_1(t) + h_2(t)\big) = x(t)*h_1(t) + x(t)*h_2(t)$

③ 结合律：$\big(x(t)*y(t)\big)*z(t) = x(t)*\big(y(t)*z(t)\big)$

④ 微分性质：$\dfrac{\mathrm{d}y(t)}{\mathrm{d}t} = \dfrac{\mathrm{d}x(t)}{\mathrm{d}t}*h(t) = x(t)*\dfrac{\mathrm{d}h(t)}{\mathrm{d}t}$

⑤ 积分性质：$\int_{-\infty}^{\infty} y(t)\mathrm{d}t = \int_{-\infty}^{\infty} x(t)\mathrm{d}t * h(t) = x(t)*\int_{-\infty}^{\infty} h(t)\mathrm{d}t$

从计算过程上看，如图4.4所示，首先将$x(t)$和$h(t)$的自变量替换为τ，然后将$h(\tau)$以纵坐标为轴进行翻转，得到$h(-\tau)$，继而将$h(-\tau)$在时间轴上移位，

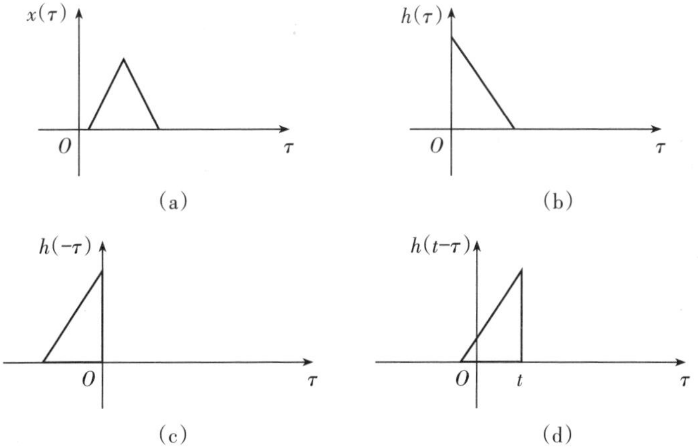

图4.4 卷积计算图示

得到 $h(t-\tau)$，如移位 t_1 得到 $h(t_1-\tau)$，每一次移位均与 $x(\tau)$ 做积分。这样，通过不断移位，最终可得到 $x(t)$ 和 $h(t)$ 的卷积。

卷积的计算过程可以理解为 $h(-\tau)$ 每做一次时间移位就与 $x(t)$ 做一次内积，所以，卷积可以认为是由内积构成的。进一步地，由内积能够反映信号间相似性的特点可知，卷积结果反映的是 $h(-\tau)$ 每一次移位后与 $x(t)$ 的相似性，因此，如图4.5所示，卷积结果 $y(t)$ 中的最大值对应的时间 t_m 就意味着当 $h(-\tau)$ 移位 t_m 时，$x(t)$ 和 $h(t_m-\tau)$ 的形状最相似。所以，在信号分析中，可以利用卷积判断信号中是否存在与某一波形相似的成分及其相似程度。

另外，在物理意义上，如果 $h(t)$ 为系统的脉冲响应函数，$x(t)$ 为系统的输入，则卷积的结果 $y(t)$ 为系统的输出。

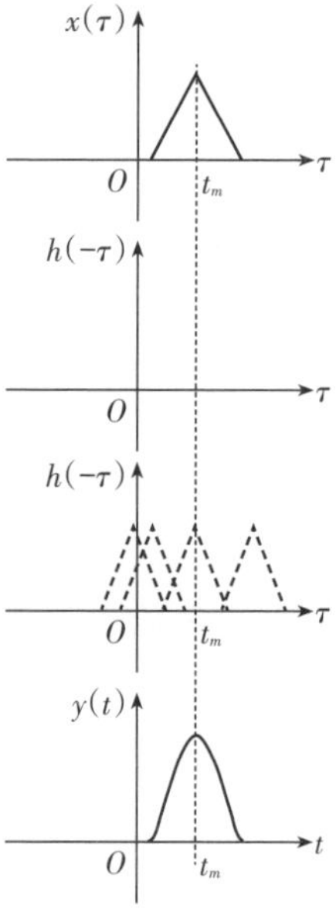

图4.5　卷积与内积相似性图例

4.2　傅里叶分析

傅里叶分析是信号分析理论的重要基础，也是工程实际中应用最多的方法之一。傅里叶分析包括周期信号的傅里叶级数和瞬变非周期信号的傅里叶变换，分析结果通常用幅频谱和相频谱进行表达。

4.2.1　傅里叶级数

对于周期信号 $x(t)=x(t+nT)$（$n=1,\ 2,\ 3,\ \cdots$），如果在一个周期内只存在有限个第一类间断点和有限个极值点，可认为由无数个正弦信号叠加而成，即

$$x(t)=A_0+\sum_{n=1}^{\infty}a_n\cos(2\pi nf_0t)+\sum_{n=1}^{\infty}b_n\sin(2\pi nf_0t) \tag{4.19}$$

式（4.19）还可表示成

$$x(t)=A_0+\sum_{n=1}^{\infty}A_n\sin(2\pi nf_0t+\phi_n) \tag{4.20}$$

或

$$x(t)=A_0+\sum_{n=1}^{\infty}A_n\cos\left(2\pi nf_0t+\theta_n\right) \tag{4.21}$$

式（4.19）至式（4.21）称为周期信号 $x(t)$ 的傅里叶级数的三角函数式。

结合式（4.15）和式（4.19）可知，信号 $x(t)$ 的傅里叶级数的目的是利用4.1.2节所述的完备正交函数集——三角函数集对信号 $x(t)$ 进行正交分解，则由式（4.12）可知，A_0，a_n，b_n 的计算方法为

$$\left.\begin{aligned}A_0&=\frac{1}{T}\int_0^T x(t)\mathrm{d}t\\a_n&=\frac{2}{T}\int_0^T x(t)\cos\left(2\pi nf_0t\right)\mathrm{d}t\\b_n&=\frac{2}{T}\int_0^T x(t)\sin\left(2\pi nf_0t\right)\mathrm{d}t\end{aligned}\right\} \tag{4.22}$$

可得

$$\left.\begin{aligned}A_n&=\sqrt{a_n^2+b_n^2}\\\theta_n&=-\arctan\frac{b_n}{a_n}\\\phi_n&=\arctan\frac{a_n}{b_n}\end{aligned}\right\} \tag{4.23}$$

在以上各式中，$f_0(=1/T)$ 为基频，n 为谐波次数或谐波阶数，每一阶谐波分量都有其相应的幅值 A_n 和初相位 θ_n。

由上述内容可知，对于一周期信号 $x(t)$，利用傅里叶级数可将其分解为无数个具有各自幅值和初相位的正弦或余弦信号，为了使计算结果的表达方式简捷直观，通常以频率 nf_0 为横坐标、幅值 A_n 为纵坐标绘制曲线，即幅频谱；以频率 nf_0 为横坐标、θ_n 为纵坐标绘制曲线，即相频谱。由于信号的各阶谐波分量的初相位取决于信号测试的初始时间，因此，一般情况下，单路信号的相频谱的利用价值不大，而幅频谱可直观反映出信号中各阶谐波分量的幅值，因此，幅频谱在信号分析中被广泛采用。

三角函数形式的傅里叶级数的数学和物理意义明确，但表达方法略显烦琐，为此，通常采用指数形式的傅里叶级数。根据欧拉公式

$$\mathrm{e}^{\mathrm{j}x}=\cos x+\mathrm{j}\sin x \tag{4.24}$$

式（4.21）可改写为

$$\begin{aligned}x(t)&=\frac{1}{2}\left(\mathrm{e}^{\mathrm{j}0}+\mathrm{e}^{-\mathrm{j}0}\right)A_0+\sum_{n=1}^{\infty}\frac{A_n}{2}\left[\mathrm{e}^{\mathrm{j}\left(2\pi nf_0t+\theta_n\right)}+\mathrm{e}^{-\mathrm{j}\left(2\pi nf_0t+\theta_n\right)}\right]\\&=\frac{1}{2}\left(\mathrm{e}^{\mathrm{j}0}+\mathrm{e}^{-\mathrm{j}0}\right)A_0+\sum_{n=1}^{\infty}\frac{A_n}{2}\mathrm{e}^{\mathrm{j}\theta_n}\mathrm{e}^{\mathrm{j}2\pi nf_0t}+\sum_{n=1}^{\infty}\frac{A_n}{2}\mathrm{e}^{-\mathrm{j}\theta_n}\mathrm{e}^{-\mathrm{j}2\pi nf_0t}\end{aligned} \tag{4.25}$$

可知 $e^{j0}=e^{-j0}$，同时考虑到 A_n 是关于 n 的偶函数，θ_n 是关于 n 的奇函数，即 $A_{-n}=A_n$ 和 $\theta_{-n}=-\theta_n$，则式（4.25）可改写为

$$x(t)=e^{j0}A_0+\sum_{n=1}^{\infty}\frac{A_n}{2}e^{j\theta_n}e^{j2\pi nf_0t}+\sum_{n=-\infty}^{-1}\frac{A_n}{2}e^{j\theta_n}e^{j2\pi nf_0t} \tag{4.26}$$

令 $c_0=e^{j0}A_0$，$c_n=\frac{A_n}{2}e^{j\theta_n}$，代入式（4.26），可得

$$x(t)=\sum_{n=-\infty}^{+\infty}c_n e^{j2\pi nf_0t} \tag{4.27}$$

对于 c_n，有

$$\begin{aligned}c_n&=\frac{A_n}{2}e^{j\theta_n}\\&=\frac{A_n}{2}(\cos\theta_n+j\sin\theta_n)\end{aligned} \tag{4.28}$$

将 $\cos\theta_n=\frac{a_n}{A_n}$ 和 $\sin\theta_n=-\frac{b_n}{A_n}$ 代入式（4.28），得

$$\begin{aligned}c_n&=\frac{A_n}{2}\left(\frac{a_n}{A_n}-j\frac{b_n}{A_n}\right)\\&=\frac{1}{2}(a_n-jb_n)\\&=\frac{1}{2}\left(\frac{2}{T}\int_0^T x(t)\cos 2\pi nf_0t\mathrm{d}t-j\frac{2}{T}\int_0^T x(t)\sin 2\pi nf_0t\mathrm{d}t\right)\\&=\frac{1}{T}\int_0^T x(t)e^{-j2\pi nf_0t}\mathrm{d}t\end{aligned} \tag{4.29}$$

称 c_n 为傅里叶级数的系数，也可称之为信号 $x(t)$ 的频谱，由于 c_n 在正负频率处都有值，所以它为双边谱，A_n 则为单边幅频谱，可知双边谱是关于零频率对称的。另外，称 $|c_n|$ 为幅频谱，$\arg c_n$ 为相频谱。由于 $|c_n|=\frac{1}{2}A_n$，因此，利用式（4.29）计算得到的信号在 nf_0 处的幅值是实际幅值的二分之一，在工程实际中应做乘2处理，并只需计算 n 为非负值时的频谱即可。

4.2.2 傅里叶变换

对于瞬变非周期信号，可以认为周期 $T\to+\infty$，则可以基于傅里叶级数讨论此类信号的分析方法。将式（4.29）代入式（4.27），可得

$$x(t)=\sum_{-\infty}^{+\infty}\left(\frac{1}{T}\int_0^T x(t)e^{-j2\pi nf_0t}\mathrm{d}t\right)e^{j2\pi nf_0t} \tag{4.30}$$

由于 $T\to+\infty$，式（4.30）中频率 $f_0=1/T$ 将趋近于无穷小，可用 $\mathrm{d}f$ 表示，离

散的频率值 nf_0 变为连续值 f，离散求和变为积分，则式（4.30）可改写为

$$\begin{aligned} x(t) &= \int_{-\infty}^{+\infty} \mathrm{d}f \left(\int_0^{+\infty} x(t) \mathrm{e}^{-\mathrm{j}2\pi ft} \mathrm{d}t \right) \mathrm{e}^{\mathrm{j}2\pi ft} \\ &= \int_{-\infty}^{+\infty} \left(\int_0^{+\infty} x(t) \mathrm{e}^{-\mathrm{j}2\pi ft} \mathrm{d}t \right) \mathrm{e}^{\mathrm{j}2\pi ft} \mathrm{d}f \end{aligned} \tag{4.31}$$

令

$$X(f) = \int_0^{+\infty} x(t) \mathrm{e}^{-\mathrm{j}2\pi ft} \mathrm{d}t \tag{4.32}$$

则

$$x(t) = \int_{-\infty}^{+\infty} X(f) \mathrm{e}^{\mathrm{j}2\pi ft} \mathrm{d}f \tag{4.33}$$

称式（4.32）为 $x(t)$ 的傅里叶变换，式（4.33）为傅里叶逆变换，用 $x(t) \Leftrightarrow X(f)$ 表示傅里叶变换对。可见，与周期信号频谱不同的是，瞬变非周期信号频谱 $X(f)$ 为连续谱。同时，在物理意义方面，周期信号的 c_n 与 $X(f)$ 也有所不同。c_n 与信号中频率为 nf_0 的谐波分量的幅值和相位直接相关。而由式（4.33）可知，信号 $x(f)$ 在频率 f 处的谐波分量为 $X(f)\mathrm{e}^{\mathrm{j}2\pi ft}\mathrm{d}f$，谐波幅值为 $|X(f)|\mathrm{d}f$，则 $|X(f)|$ 的量纲为 U/Hz（U 为信号幅值），即信号在单位频率范围内的谐波分量幅值。所以，称 $|X(f)|$ 为幅频谱密度函数，简称幅频谱；相应地，称 $\arg X(f)$ 为相频谱密度函数，简称相频谱。

4.2.3　时域有限信号的傅里叶分析

式（4.32）中的时域积分区间为 $[0,+\infty)$，但工程中的信号都是时域有限的，如果直接利用该式进行傅里叶变换则缺少数学上的严密性。为解决这一问题，可以对信号进行周期延拓处理。如图4.6所示，假设与当前信号 $x(t)$ 对应的时域无限信号为周期为 T 的周期信号，即信号的时间长度恰好是一个周期长度 T，则可以按照对周期信号的处理方法计算 $x(t)$ 的傅里叶系数，即

$$X(nf_0) = \frac{1}{T} \int_0^T x(t) \mathrm{e}^{-\mathrm{j}2\pi nf_0 t} \mathrm{d}t \tag{4.34}$$

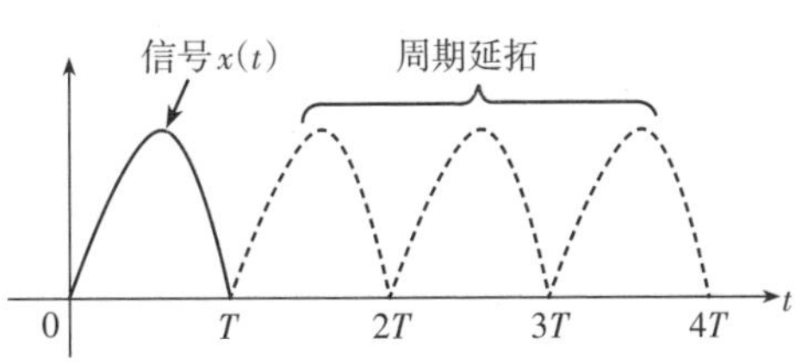

图4.6　时域有限信号的周期延拓

傅里叶系数 $X(nf_0)$ 表达了 $x(t)$ 在频率为 nf_0 处的谐波幅值和相位信息，由于 $f_0=1/T$，所以，时间长度 T 越大，f_0 越小，对信号频率信息的表达便越细致，反之则越粗糙，可将 f_0 称为频率分辨力。

4.2.4 时域有限离散信号与离散傅里叶变换

在工程实际中，通常使用计算机按一定的采样频率对信号进行离散采样，显然，此时信号为时域有限且离散的。设 $x(t)$ 的离散形式为 $x(k\Delta)$（$k=0$，1，2，…，$K-1$），Δ 为离散采样时间间隔，采样频率 $f_s=1/\Delta$，信号的时间长度为 $K\Delta$，即 $T=K\Delta$。由于 $x(k\Delta)$ 是时域有限的，可以利用式（4.34）计算傅里叶系数，又因其是离散的，需对式（4.34）做离散化处理，即

$$\begin{aligned}X(nf_0)&=\frac{1}{K\Delta}\sum_{k=0}^{K-1}x(k\Delta)\mathrm{e}^{-\mathrm{j}2\pi nf_0k\Delta}\Delta\\&=\Delta\frac{1}{K\Delta}\sum_{k=0}^{K-1}x(k\Delta)\mathrm{e}^{-\mathrm{j}2\pi n\frac{1}{K\Delta}k\Delta}\\&=\frac{1}{K}\sum_{k=0}^{K-1}x(k\Delta)\mathrm{e}^{-\mathrm{j}2\pi n\frac{k}{K}}\end{aligned}\tag{4.35}$$

相应地，逆变换为

$$x(k\Delta)=\sum_{n=-\infty}^{+\infty}X(nf_0)\mathrm{e}^{\mathrm{j}2\pi n\frac{k}{K}}\tag{4.36}$$

称式（4.35）为离散傅里叶变换（DFT），式（4.36）为离散傅里叶逆变换。根据采样定理可知，只需在二分之一采样频率以内分析信号，即

$$|nf_0|\leqslant\frac{f_s}{2}$$

将 $f_0=1/T=1/(K\Delta)$ 和 $f_s=1/\Delta$ 代入上式，可得

$$|n|\leqslant\frac{K}{2}\tag{4.37}$$

所以，离散傅里叶变换中 $n=\left\{-\frac{K}{2},\ -\frac{K}{2}+1,\ \cdots,\ 0,\ 1,\ \cdots,\ \frac{K}{2}\right\}$。在实际振动分析中，由于需明确信号中各谐波分量的实际幅值，因此，一方面，只需在正频率范围内进行离散傅里叶变换，即 $n=\left\{0,\ 1,\ \cdots,\ \frac{K}{2}\right\}$，另一方面，计算幅频谱时应对 $|X(nf_0)|$ 做乘 2 处理。在实际计算时，DFT 的计算量很大，需使用快速算法计算信号频谱，最常使用的便是 FFT 算法。

对于离散傅里叶变换，频率分辨力 $f_0=1/(K\Delta)=f_s/K$，因此，采样频率和

信号的总点数共同决定了频率分辨力的大小。如果采样频率较大，虽然可以得到较小的时间分辨力，但若想获得较好的频率分辨力，则必须提高信号点数。在实际分析中，通常希望得到清晰细致的信号频谱，而对信号的时域波形不做过多关注，因此，对信号的总点数K有限制时，并不是采样频率越高越好，而是在满足采样定理的前提下尽量达到频率分辨力的要求。

4.2.5 傅里叶分析的主要性质

傅里叶分析可将时域信号 $x(t)$ 转换成频域信号 $X(f)$，而且时域信号和频域信号间具有明确的对应关系，当某一域信号发生变化时，另一域信号也会产生变化，这些变化会遵从一定的内在规律，即傅里叶分析具有很多数学运算上的基本性质。同时，傅里叶分析的性质也具有明确的物理意义，对于实际的动态信号分析很有帮助，所以，下面列举几个实际应用中常用的主要性质。

（1）时移特性

对于较 $x(t)$ 滞后或超前了 t_0 时间的信号 $x(t \pm t_0)$，其频域表达为

$$x(t \pm t_0) \Leftrightarrow X(f)\mathrm{e}^{\pm \mathrm{j}2\pi f t_0} \tag{4.38}$$

由式（4.38）可知，当信号出现超前或滞后时，信号的幅频谱$|X(f)|$不发生变化，但相频特性发生变化，在原有相位的基础上附加了 $\pm 2\pi f t_0$，而这一附加项与频率是线性关系，因此，不会影响各谐波分量相位间的关系。

（2）频移特性

频移特性可表示为

$$x(t)\mathrm{e}^{\pm \mathrm{j}2\pi f_m t} \Leftrightarrow X(f \mp f_m) \tag{4.39}$$

式（4.39）表明，若信号 $x(t)$ 乘以一复指数函数 $\mathrm{e}^{\pm \mathrm{j}2\pi f_m t}$， $x(t)$ 的频谱形状不会发生改变，但会在频域内移动 $\mp f_m$。若从实信号的角度考虑，由频移特性可知

$$x(t)\cos 2\pi f_m t \Leftrightarrow \frac{1}{2}X(f+f_m) + \frac{1}{2}X(f-f_m) \tag{4.40}$$

实际动态信号中的调幅现象的时频域特点便可用频移特性进行解释。比如，当齿轮存在偏心时，齿轮的旋转动态信号可表示为

$$x(t) = a + \cos 2\pi f_r t$$

上式中，a 为常数。轮齿啮合产生的动态信号为

$$y(t) = \cos 2\pi f_m t$$

则啮合动态信号的幅值会受旋转振动幅值的影响，测试得到的信号为两者的乘积：

$$z(t)=\left(a+\cos 2\pi f_r t\right)\cos 2\pi f_m t$$

将 a 表示为 $a\cos(2\pi\cdot 0\cdot t)$，$z(t)$ 可表示为

$$\begin{aligned}z(t)&=\left[a\cos(2\pi\cdot 0\cdot t)+\cos 2\pi f_r t\right]\cos 2\pi f_m t\\&=\frac{1}{2}\left[a\cos 2\pi\left(0+f_m\right)t+\cos 2\pi\left(f_r+f_m\right)t\right]+\frac{1}{2}\left[a\cos 2\pi\left(0-f_m\right)t+\cos 2\pi\left(f_r-f_m\right)t\right]\\&=\frac{1}{2}\left[a\cos 2\pi f_m t+\cos 2\pi\left(f_r+f_m t\right)\right]+\frac{1}{2}\left[a\cos 2\pi f_m t+\cos 2\pi\left(f_m-f_r\right)t\right]\end{aligned}$$

则 $z(t)$ 的幅频谱中会在 f_m 和 $f_m\pm f_r$ 处存在谱线，其中，零频率和 f_r 处的谱线被移动了 $+f_m$ 的频率范围后出现在 f_m 和 f_m+f_r 处，而移动 $-f_m$ 频率范围后虽然会出现在负频率处，但由上式和双边频谱的对称特性，在与其对称的正频率处，即 f_m 和 f_m-f_r 处也会出现谱线，两次移频的结果叠加后便得到最后的结果。信号 $x(t)$，$y(t)$，$z(t)$ 的幅频谱如图4.7所示。

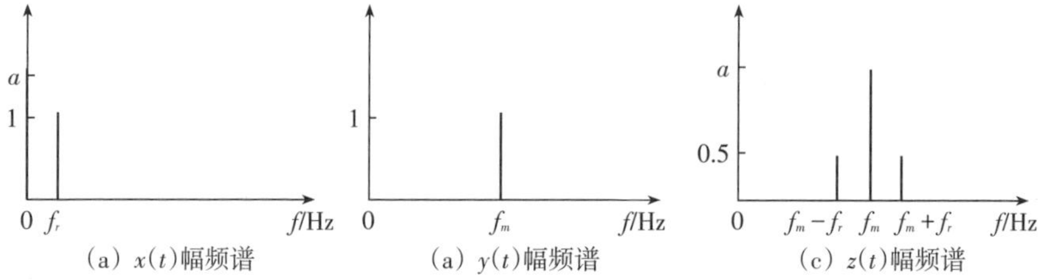

图4.7　频移特性示例

上述例子是从单边频谱的角度进行分析，如果从双边谱角度考虑则更为简单，如图4.8所示，信号 $x(t)$ 的双边幅频谱为 $\left|X(f)\right|$，$z(t)$ 的幅频谱就是 $\left|X(f)\right|$ 向正负两方向各移动 f_m 频率范围后所得结果，即 $\left|X(f\pm f_m)\right|$。

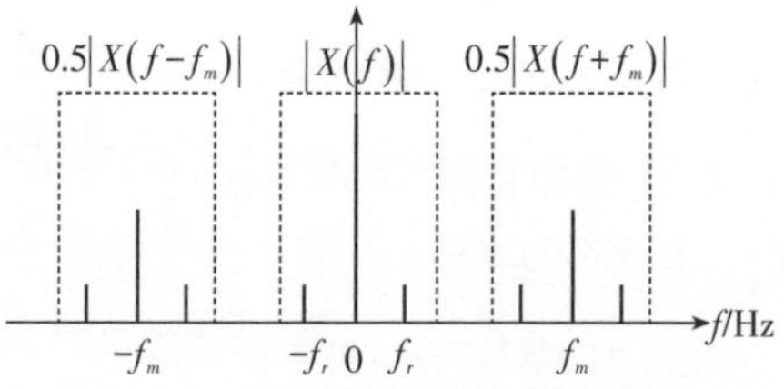

图4.8　频移特性示例的双边谱解释

（3）时间尺度特性

若对信号 $x(t)$ 在时间轴上进行压缩或伸展，$X(f)$ 也会产生相应变化，其变化规律为

$$x(kt) \Leftrightarrow \frac{1}{k} X\left(\frac{f}{k}\right) \tag{4.41}$$

式（4.41）表明，当 $k>1$ 时，信号的时间尺度被压缩，频谱则被扩展，频率范围扩大；当 $0<k<1$ 时，信号的时间尺度被扩展，频谱则被压缩，频率范围变小。这一性质说明，信号持续时间的长短决定了信号的频率宽度，因此在试验模态分析中会根据需激发出的频率宽度选择不同材质的力锤锤头而获得相应的力脉冲时间宽度。

（4）微分特性

对信号 $x(t)$ 进行时域微分后，其频谱的变化规律为

$$\frac{\mathrm{d}^n x(t)}{\mathrm{d}t^n} \Leftrightarrow (2\pi \mathrm{i} f)^n X(f) \tag{4.42}$$

由微分特性可知，微分之后，在幅频谱频率为 f 处的幅值是微分前的 $(2\pi f)^n$ 倍，显然，这一倍数随着频率的升高和微分次数的增加而变大。在测试动态信号时，通常检测加速度信号；相对于位移信号，加速度信号的幅频谱在高频部分往往存在更为明显的幅值，有利于观察频谱结构。另一方面，利用微分特性，也可以很容易地由加速度频谱得到速度和位移频谱，且无须对 $x(t)$ 进行时域积分计算。

（5）乘法特性

对于两信号 $x(t)$ 和 $y(t)$，乘法特性为

$$\int_{-\infty}^{+\infty} x(t) y(t) \mathrm{d}t = \int_{-\infty}^{+\infty} X(f) \overline{Y(f)} \mathrm{d}f = \int_{-\infty}^{+\infty} \overline{X(f)} Y(f) \mathrm{d}f \tag{4.43}$$

当 $x(t)=y(t)$ 时，可得

$$\int_{-\infty}^{+\infty} x^2(t) \mathrm{d}t = \int_{-\infty}^{+\infty} \left|X(f)\right|^2 \mathrm{d}f \tag{4.44}$$

式（4.44）说明信号在时域中的能量与频域中的能量相等，与前文提到的帕斯瓦尔定理是等效的。

需要注意的是，式（4.43）和式（4.44）针对的是能量有限的瞬变非周期信号，由于此类信号的功率是随时间变化的，所以计算信号能量更为合适，称

$$S(f) = \left|X(f)\right|^2 \tag{4.45}$$

为能量谱密度函数，简称能量谱。

对于周期信号，虽然能量无限，信号的功率不随时间变化，但可以按式（4.46）计算信号功率：

$$P=\frac{1}{T}\int_0^T x^2(t)\mathrm{d}t \tag{4.46}$$

信号功率P与双边谱和单边谱的关系为

$$P=\sum_{n=-\infty}^{+\infty}\left|c_n\right|^2 \tag{4.47}$$

$$P=A_0^2+\sum_{n=-\infty}^{+\infty}\frac{A_n^2}{2} \tag{4.48}$$

对应能量谱，称

$$P_n=\left|c_n\right|^2 \tag{4.49}$$

为功率谱。

对于实际测试得到的时域有限离散信号，由于已通过周期延拓将信号视为周期为$T=K\Delta$的周期信号，所以通常计算功率谱，即$P_n=\left|X(nf_0)\right|^2$。

（6）卷积特性

对于两信号$x(t)$和$y(t)$，卷积特性为

$$x(t)*y(t)\Leftrightarrow X(f)\cdot Y(f) \tag{4.50}$$

$$x(t)\cdot y(t)\Leftrightarrow X(f)*Y(f) \tag{4.51}$$

卷积特性表明，两信号的时域卷积结果的频谱等于两信号频谱的乘积，两信号时域乘积结果的频谱等于两信号频谱的卷积。

设$X(f)=\left|X(f)\right|\mathrm{e}^{\mathrm{j}\phi(f)}$，$Y(f)=\left|Y(f)\right|\mathrm{e}^{\mathrm{j}\varphi(f)}$，则有

$$X(f)\cdot Y(f)=\left|X(f)\right|\left|Y(f)\right|\mathrm{e}^{\mathrm{j}(\phi(f)+\varphi(f))} \tag{4.52}$$

由式（4.52）中的$\left|X(f)\right|\cdot\left|Y(f)\right|$可知，若两信号在某一频率处都有非零幅值，则卷积后在该频率处也会存在非零幅值；若在某一频率处$\left|X(f)\right|>0$而$\left|Y(f)\right|=0$，则显然$\left|X(f)\right|\cdot\left|Y(f)\right|=0$，即信号$x(t)$中频率为$f$的成分经卷积运算后被滤除了，所以，时域卷积也可称为滤波。同时，由$\mathrm{e}^{\mathrm{j}(\phi(f)+\varphi(f))}$可知，滤波处理会改变原信号的相位。若使用$y(t)$对$x(t)$滤波，则$y(t)$为滤波器，可见，设计滤波器时要同时考虑其幅频和相频特性。

4.2.6 倒频谱

倒频谱分析是一种对信号频谱的处理方法，包括功率倒频谱和复倒频谱两种，这里只介绍在机械领域应用较多的功率倒频谱。

设信号的频谱为 $X(f)$，功率谱为 $P(f)$，则功率倒频谱为

$$C(\tau)=F^{-1}\left(\log P(f)\right) \tag{4.53}$$

式（4.53）中，F^{-1} 表示傅里叶逆变换，对数通常取自然对数，但可视实际情况取其他数值为底。同时，功率倒频谱也可表示为

$$C(\tau)=F\left(\log P(f)\right) \tag{4.54}$$

式（4.54）中的 F 表示傅里叶变换。由于通常使用 $|C(\tau)|$ 表示功率倒频谱，所以，式（4.53）和式（4.54）的计算结果并无实质区别。另外，由于倒频谱是对频域信号做傅里叶变换或逆变换，所以，倒频谱为时域信号。

频谱可以反映信号中是否存在周期性成分，所以，功率倒频谱的主要作用便是反映功率谱的周期性，计算过程中对数运算的目的也是缩小谱线幅值差异，增强周期性。比如，若功率谱中存在周期为2 Hz的谱线，则其倒频谱会在0.5 s的位置处出现一根谱线。所以，功率倒频谱常用于分析齿轮和轴承等零部件的振动信号，此类信号的共同特点是频谱中存在大量密集谱线，且谱线的频率间隔多与某一旋转部件的工作频率有关，使用功率倒频谱便可以快速发现谱线周期，可为故障的识别和定位提供重要信息。

4.3 时频分析

4.3.1 非平稳信号

根据统计特性随时间变化的情况，信号可以分为平稳信号和非平稳信号：其中平稳信号的统计特性不随时间变化或变化缓慢，如稳速运转的设备所产生的振动信号，其振动频率和波形的峰值等特性都不会随时间产生变化；非平稳信号的统计特性则具有明显的时变性，如设备启动升速、负载变化等情况下的振动信号、语音信号等，图4.9所示的信号波形即为典型非平稳信号，其幅值波动范围随时间明显变化，波动频率也不恒定，不同时间段内的波形存在明显差别。严格意义上，真实世界的信号都是非平稳信号，所以，非平稳信号分析

方法更具有理论上的一般性和应用领域的广泛性。

图4.9　典型非平稳信号波形

对于非平稳信号，完全可以进行傅里叶变换，所得结果也具有实际的物理意义，能够描述信号中的频率成分，但是却无法说明某一频率成分所在的时间，或该成分随时间变化的情况。如对于线调频信号 $x(t)=\sin(2\pi\cdot 100\cdot t^2)$，其信号波形和幅频谱如图4.10所示，该信号的波形疏密程度一直随时间变化，即信号在瞬时的频率是时变的，是典型的非平稳信号，同时，幅频谱中在0~200 Hz频段内存在一连续频段，这说明了该信号中的频率构成，所以，非平稳信号的傅里叶变换结果是有效的，能够从总体上反映信号的频率组成情况。但是，由于幅频谱只是频率-幅值平面内的曲线，不具有时间维度，从而不能表达出信号的频率组成随时间的变化情况，对于线调频信号，则不能说明信号在每一时刻的频率和幅值，所以，有必要设计适用于非平稳信号的分析方法，且分析结果应为时间-频率-幅值空间中的三维曲面，因此，此类方法可以统称为时频分析。已有的时频分析方法很多，比如短时傅里叶变换、S变换、小波变换等，但根本思想都源于傅里叶变换的频率分解，所用的计算方法也都是内积与卷积的结合。

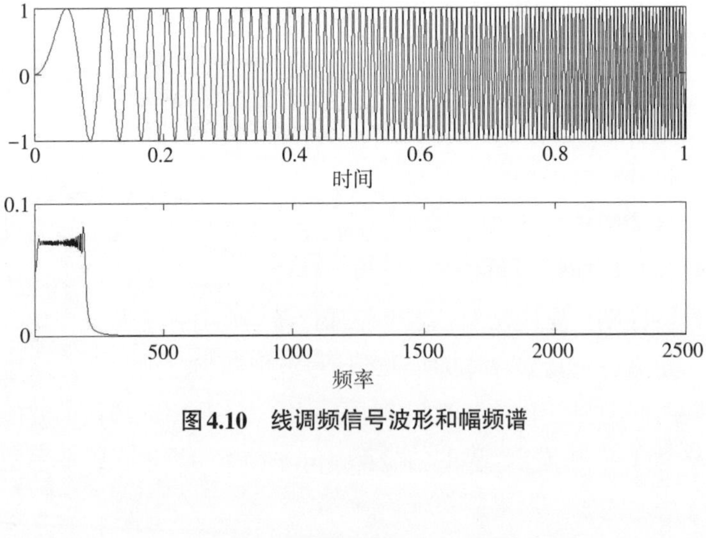

图4.10　线调频信号波形和幅频谱

4.3.2 短时傅里叶变换

设被分析信号为 $x(t)$，其短时傅里叶变换为

$$STFT(t, f) = \int_{-\infty}^{+\infty} x(\tau) w(\tau - t) \mathrm{e}^{-\mathrm{j}2\pi f\tau} \mathrm{d}\tau \tag{4.55}$$

式（4.55）中，$w(t)$ 为窗函数，只在 $t \in [0, T]$ 的区间内有值，常用的汉宁窗波形如图4.11所示，表达式为

$$w(t) = \begin{cases} 0, & t < 0 \\ \dfrac{1}{2}\left(1 - \cos\dfrac{2\pi t}{T}\right), & 0 \leqslant t \leqslant T \\ 0, & t > T \end{cases}$$

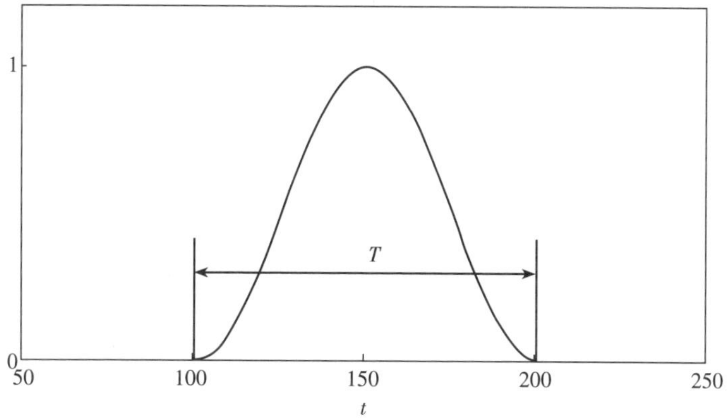

图4.11　汉宁窗波形

矩形窗的表达式则为

$$w(t) = \begin{cases} 0, & t < 0 \\ 1, & 0 \leqslant t \leqslant T \\ 0, & t > T \end{cases}$$

由式（4.55）可知，如果窗函数时宽 T 远小于信号时长，则窗函数的作用为选取一段信号进行傅里叶变换，同时，窗函数在时间轴上的平移可实现不同时段内信号的选取，从而得到信号频谱的时变情况。

实际上，即使平稳信号，在傅里叶变换之前也经常使用窗函数，即将窗函数与完整信号段相乘，其作用是平滑信号边界，减小边界突变对信号频谱的影响。但另一方面，由于窗函数为低频窄带信号，由傅里叶变换的性质可知，窗函数频谱会被移动至信号中各频率成分对应的谱线处，从而会增大谱线宽度，所以，需根据信号的实际情况选择合适的窗函数。

在实际应用中，短时傅里叶变换的主要参数包括时宽 T 和窗函数的时移步

长 Δt ，这两个参数直接影响分析结果，若参数设置不当，分析结果可能无法反映信号的真实时变情况。以窗函数时宽为例，设被分析信号为

$$x(t)=\begin{cases}\cos(2\pi\cdot 800t), & 0\leqslant t<0.2\\ \cos(2\pi\cdot 450t)+\cos(2\pi\cdot 60t), & 0.2\leqslant t<0.25\\ \cos(2\pi\cdot 200t), & 0.25\leqslant t<0.4\\ \cos(2\pi\cdot 300t)+\cos(2\pi\cdot 510t)+\\ \quad\cos(2\pi\cdot 115t)+\cos(2\pi\cdot 750t), & 0.4\leqslant t<0.5\end{cases}$$

信号波形如图4.12所示，可见，该信号在四个时间段内的频率结构完全不同。分别使用时宽 T 为0.05，0.1，0.15，0.25 s的汉宁窗对 $x(t)$ 做短时傅里叶变换，所得结果如图4.13所示。可见，当 $T=0.05$ s时，分析结果可近似表达信号的时频分布特征，但无法得到最佳的频率分辨率；而当 $T>0.05$ s时，分析结果不能准确表达各局部平稳信号所处的时间段，而且这种不准确性随着窗宽的增加而逐渐严重，如 $T=0.25$ s时的分析结果甚至可以认为是错误的。所以，在进行短时傅里叶变换之前，应首先根据信号的时变特点选取合适的窗函数时宽。

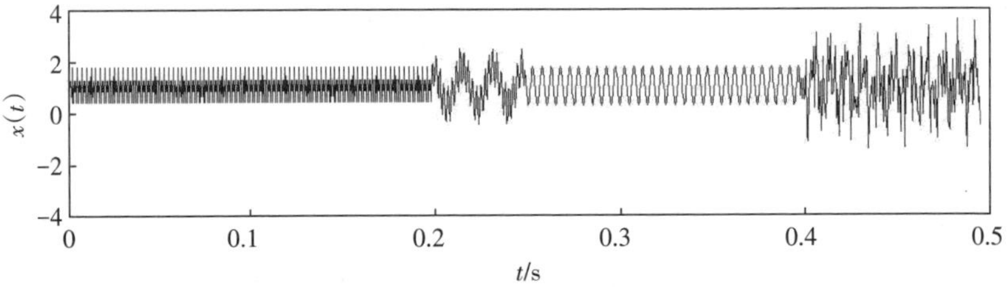

图4.12　时变信号波形

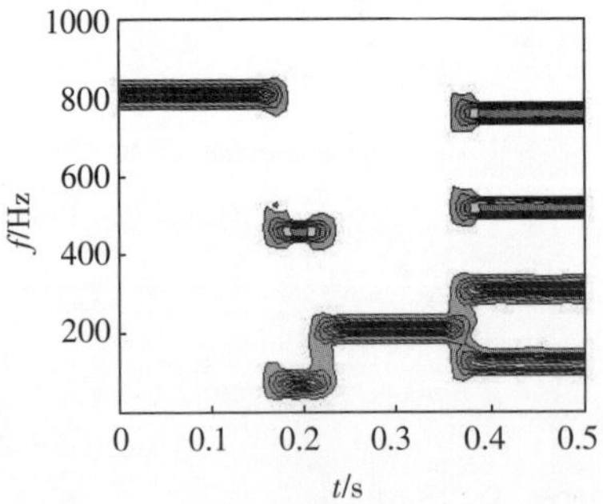

(a) $T=0.05$ s

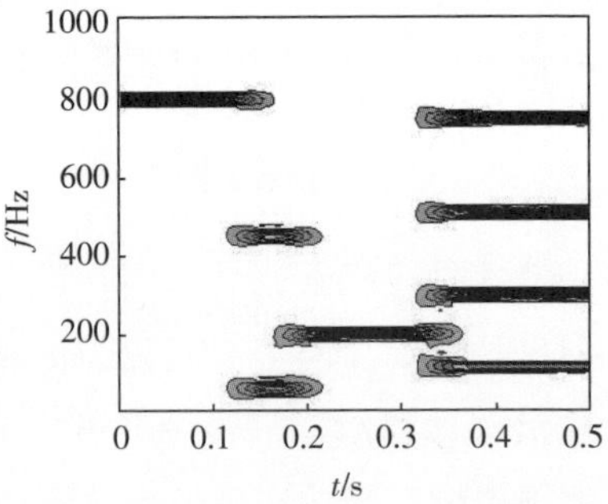

(b) $T=0.10$ s

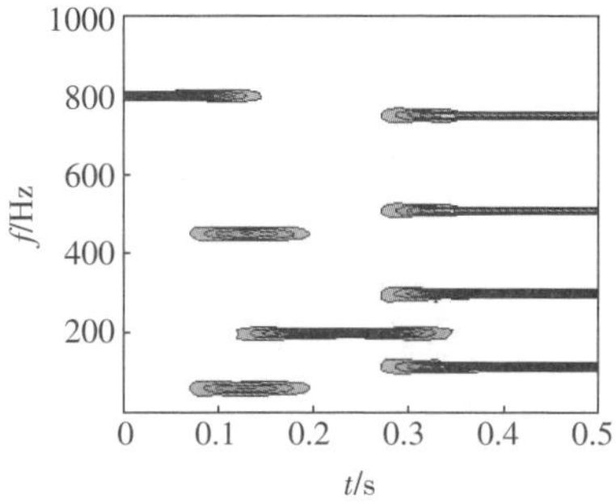

（c）$T=0.15$ s

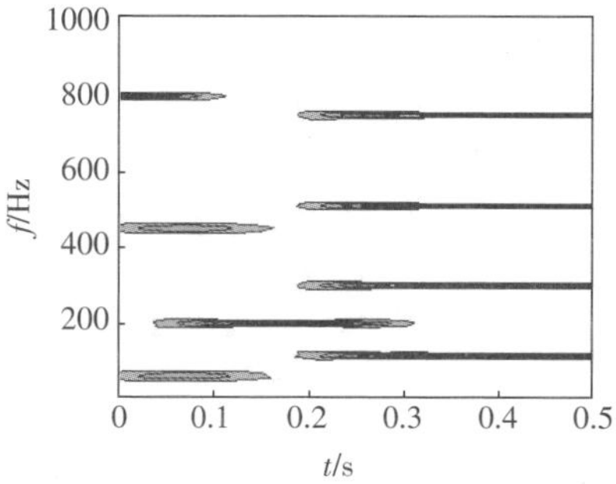

（d）$T=0.25$ s

图4.13 标准短时傅里叶变换所得结果

进一步，由上例可知，短时傅里叶变换的一个问题是窗函数时宽是固定的，而信号中的低频成分波动周期较长，需要时宽较长的窗函数才能获取一个周期内的完整波形，而高频成分波动周期短，且时变快，窗函数时宽可相应较短，但固定的时宽却无法做到两者兼顾，所以，从这一角度看，短时傅里叶变换只是一种基础性的信号分析方法。

4.3.3 S变换

S变换由Stockwell于1996年提出，这种方法解决了短时傅里叶变换中时窗宽度固定的问题，其计算方法为

$$S(t, f)=\int_{-\infty}^{+\infty} x(\tau)\frac{|f|}{\sqrt{2\pi}}e^{-\frac{(t-\tau)^2 f^2}{2}}e^{-j2\pi f\tau}d\tau \tag{4.56}$$

将式（4.56）与短时傅里叶变换公式做对比，可以发现，S变换中的窗函数为二维高斯函数，可表示为

$$w(\tau, f)=\frac{|f|}{\sqrt{2\pi}}e^{-\frac{\tau^2 f^2}{2}} \tag{4.57}$$

可知，该窗函数的时宽与频率f有关，频率越高则时宽越小，同时，频率越高则幅值越高。窗函数的形状特点如图4.14所示，图中给出了f为2，4，8时的窗函数曲线，可看出窗函数的变化规律。显然，S变换解决了短时傅里叶变换中的时窗宽度固定问题，能够根据当前分析的频段调整窗函数时宽，从而获得更好的分析效果。

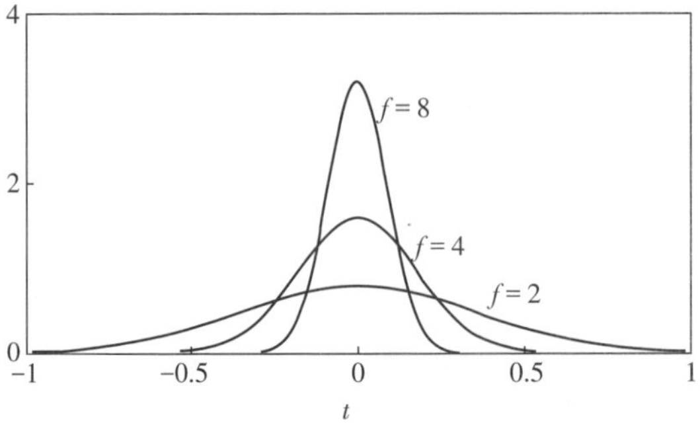

图4.14　S变换窗函数

但是，S变换中的窗函数公式仍然是固定的，在f一定时，窗函数的形状和时宽也随之固定，所以，为提高窗函数的灵活性，在S变换的基础上出现了广义S变换，即

$$S(t,\ f,\ \lambda,\ \rho)=\int_{-\infty}^{+\infty}x(\tau)\frac{\lambda\left|f\right|^{\rho}}{\sqrt{2\pi}}\mathrm{e}^{-\frac{(t-\tau)^2\lambda^2 f^{2\rho}}{2}}\mathrm{e}^{-\mathrm{j}2\pi f\tau}\mathrm{d}\tau \tag{4.58}$$

式（4.58）中，窗函数为

$$w(\tau,\ f)=\frac{\lambda\left|f\right|^{\rho}}{\sqrt{2\pi}}\mathrm{e}^{-\frac{\tau^2\lambda^2 f^{2\rho}}{2}}$$

可见，窗函数中增加了两个参数λ和ρ，这两个参数用于调节窗函数的形状，在处理信号时，可通过调节λ和ρ获得更好的分析效果，所以，使用广义S变换时需进行参数寻优操作。

另外，S变换也可以看作两个函数的卷积，即

$$S(t,\ f)=\int_{-\infty}^{+\infty}u(\tau,\ f)v(t-\tau,\ f)\mathrm{d}\tau \tag{4.59}$$

其中

$$u(\tau,\ f)=x(\tau)\mathrm{e}^{-\mathrm{j}2\pi f\tau}$$

$$v(\tau,\ f)=\frac{\left|f\right|}{\sqrt{2\pi}}\mathrm{e}^{-\frac{\tau^2 f^2}{2}}$$

由于两函数的时域卷积等于频域相乘，所以，首先对$u(\tau,\ f)$和$v(\tau,\ f)$做傅里叶变换，其中，$u(\tau,\ f)$的傅里叶变换为

$$\begin{aligned}U(\tau,\ \alpha)&=\int_{-\infty}^{+\infty}u(\tau,\ f)\mathrm{e}^{-\mathrm{j}2\pi\alpha\tau}\mathrm{d}\tau\\&=\int_{-\infty}^{+\infty}x(\tau)\mathrm{e}^{-\mathrm{j}2\pi f\tau}\mathrm{e}^{-\mathrm{j}2\pi\alpha\tau}\mathrm{d}\tau\end{aligned} \tag{4.60}$$

由傅里叶变换的频移性质，可得

$$U(\tau,\ \alpha)=X(\alpha+f) \tag{4.61}$$

在以上计算过程中，$u(\tau,\ f)$ 可以认为是在不同f下的时间信号，为避免变量名相同，使用α表示傅里叶变换中的频率。

$v(\tau,\ f)$ 的傅里叶变换为

$$V(\tau,\ \alpha)=\int_{-\infty}^{+\infty}u(\tau,\ f)\mathrm{e}^{-\mathrm{j}2\pi\alpha\tau}\mathrm{d}\tau \tag{4.62}$$

根据高斯函数积分特点，可得

$$V(\tau,\ \alpha)=\mathrm{e}^{-\frac{2\pi\alpha^2}{f^2}}$$

所以，S变换可表达为$U(\tau,\ \alpha)V(\tau,\ \alpha)$的傅里叶逆变换，即

$$S(t,\ f)=\int_{-\infty}^{+\infty}X(\alpha+f)\mathrm{e}^{-\frac{2\pi\alpha^2}{f^2}}\mathrm{e}^{\mathrm{j}2\pi\alpha t}\mathrm{d}t \tag{4.63}$$

因此，S变换可以基于信号的DFT进行计算。

4.3.4　小波变换

前述傅里叶变换和S变换都可看作信号或加窗后的信号与谐波函数 $\mathrm{e}^{-\mathrm{j}2\pi ft}$ 的内积，根据内积特性，变换结果反映了信号与各频率谐波波形的相似程度，特别适合处理以简谐成分为主的信号，如转轴不平衡导致的振动信号基本波形便是谐波信号，装配不对中的转轴振动中还会出现频率为二倍旋转频率的谐波信号，所以，信号与谐波函数内积后会清晰反映出转轴振动的基本特点。但同时，设备振动的基本波形并不完全是正弦信号，如零部件碰撞产生的冲击响应信号，基本波形是不同频率的谐波信号与衰减曲线的乘积，且时域有限，如图4.15所示。

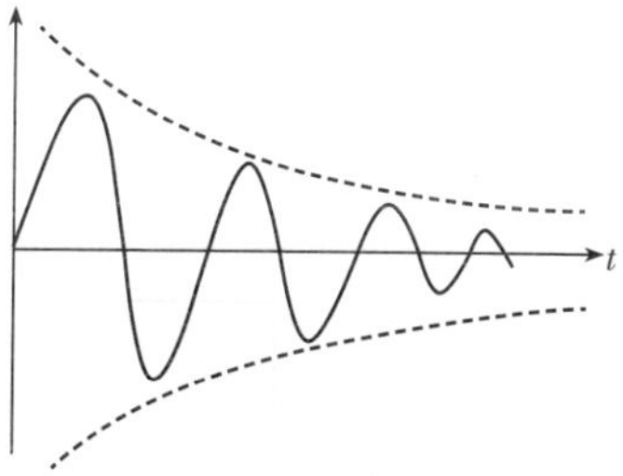

图4.15　冲击响应信号基本波形

另一方面，由于非平稳信号波形特征的时变性较强，有必要捕捉到信号中短暂的波形特征，因此，需要使用时域持续时间较短的函数沿时间轴对信号进行扫描，通过不断的内积计算得到信号波形随时间的变化情况，显然，这种移位扫描和波形对比便是卷积。所以，对信号$x(t)$的小波变换可定义为

$$WT(a,\ b)=\frac{1}{\sqrt{a}}\int_{-\infty}^{+\infty}x(t)\varphi^*\left(\frac{t-b}{a}\right)\mathrm{d}t \tag{4.64}$$

式（4.64）中，$\varphi(t)$ 为小波函数或母小波；“*”表示共轭；a 为尺度因子，$a>0$，可以对小波函数进行时域拉伸和压缩，可以改变小波函数的频域位置；b 为时移因子。可见，小波变换的实质是信号与小波函数之间的卷积计算。同时，小波变换结果 $WT(a, b)$ 为尺度因子-移位因子-幅值空间内的三维曲面，其中，移位因子对应时间，尺度因子则对应频率。

小波函数 $\varphi(t)$ 应满足以下几点条件。

第一，为避免变换结果中出现直流分量，其均值应为0，即

$$\int_{-\infty}^{+\infty}\varphi(t)\mathrm{d}t=0 \tag{4.65}$$

同时，均值为0说明 $\varphi(t)$ 的波形应是正负波动，从而小波函数中存在非零的频率成分，所以，尺度因子 a 的作用是调节小波函数的频率结构。

第二，为保证分析结果幅值的正确性，小波函数应是单位化的，即

$$\int_{-\infty}^{+\infty}\left|\varphi(t)\right|^2\mathrm{d}t=1 \tag{4.66}$$

第三，为使小波变换结果能反映信号波形的局部特征，小波函数也应只在局部时间区域内有值，即

$$\int_{-\infty}^{+\infty}\left|\varphi(t)\right|\mathrm{d}t<\infty \tag{4.67}$$

小波函数为数众多，比如Morlet小波、Marr小波、DOG小波等。其中，Morlet小波的表达式为

$$\varphi(t)=\mathrm{e}^{\frac{-t^2}{2}}\mathrm{e}^{\mathrm{j}2\pi f_0 t} \tag{4.68}$$

其傅里叶变换为

$$\Phi(f)=\sqrt{2\pi}\,\mathrm{e}^{-2\pi(f-f_0)/2}$$

取 $f_0=2$，Morlet小波的时域波形和频谱图如图4.16所示，可见Morlet小波在时域和频域都具有良好的局部性，当然，在理论上它并不完全符合上述三个条件，但都十分接近，所以，也可以作为一种小波函数，并获得了广泛应用。

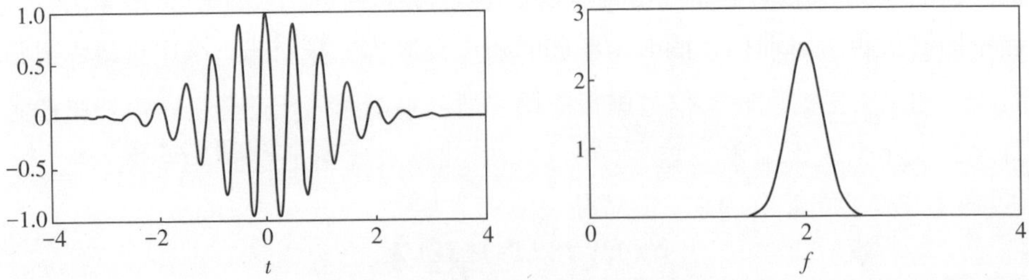

图4.16　Morlet小波波形和频谱

在实际应用中，通常只使用Morlet小波的实数部分对信号做变换，即

$$\varphi(t)=\mathrm{e}^{\frac{-t^2}{2}}\cos 2\pi f_0 t$$

这一表达式直观地说明了Morlet小波是谐波函数被高斯函数包络的结果，其中，高斯函数决定了频谱形状，谐波频率则决定了频谱位置。

另外，由Morlet小波表达式和图4.16可知，该小波函数与衰减振动波形十分相似，所以，对于振动信号分析应具有很好的效果，在工程实际中也常被使用。因此，应充分考虑被分析信号和小波函数的波形特点，按照相似性原则选取小波函数。

另外，Marr小波的表达式为

$$\varphi(t)=(1-t^2)\mathrm{e}^{-\frac{t^2}{2}} \tag{4.69}$$

DOG小波则为

$$\varphi(t)=\mathrm{e}^{-\frac{t^2}{2}}-\frac{1}{2}\mathrm{e}^{-\frac{t^2}{8}} \tag{4.70}$$

无论哪种小波函数，都追求良好的时域和频域局部性，以便提取信号中的局部波形。在小波变换公式中，信号和小波函数做时域卷积计算，对应频域相乘，同时，通过调整尺度因子，小波变换可以提取出信号中不同频段内的信号成分，所以，在频域上，小波变换的实质是带通滤波，只是当小波函数不同时，滤波结果会存在差异，这意味着小波变换并未脱离傅里叶变换的思想。另外，由于需进行多个尺度的小波变换，计算结果的数据量会远超被分析信号，有必要对变换结果进行数据简化和特征信息提取等处理工作。

4.4 希尔伯特变换与窄带信号处理

4.4.1 窄带信号

在小波变换中，由于小波函数的频带宽度有限且局部性较好，所以，每个尺度a下得到的变换结果只占据有限频带，对于这种信号，通常可称为窄带信号。目前，窄带信号还没有统一严格的定义，一般要求信号的带宽小于其中心频率，或小于0.1倍的中心频率。很多信号分解方法的所得结果都符合窄带信号的要求，比如小波变换、带通滤波以及后文将提到的经验模态分解等。同时，信号的分解结果仍为时域波形，若需提取信号内部特征信息，还应进一步

对分解结果进行处理，所以，有必要研究窄带信号的分析方法。

对于窄带信号，经常将信号设为

$$x(t)=\alpha(t)s(t) \tag{4.71}$$

式中，$s(t)$ 是高频窄带信号，往往由若干个谐波成分组成；$\alpha(t)$ 是低频信号。由于 $x(t)$ 是两信号相乘的结果，所以，$\alpha(t)$ 便是 $x(t)$ 的包络。如前文提到的 Morlet 小波函数，$e^{-t^2/2}$ 为低频信号，决定了小波函数波形的轮廓；$e^{j2\pi f_0 t}$ 为高频信号，决定了细致波形。当然，与小波函数不同的是，窄带信号不要求信号的时域局部性，可以是时域有限的，也可以是无限的；同时，由于窄带信号的频域局部性，$s(t)$ 必然具有较长的时程或时域无限。

在机械设备的振动和噪声信号中，某一频带内信号分量的包络和高频成分通常具有明确的物理意义，可直接反映设备运行状态，于是需要从 $x(t)$ 中分别提取出 $\alpha(t)$ 和 $s(t)$，这也是窄带信号分析的一个主要目的。

4.4.2 希尔伯特变换

信号 $x(t)$ 的希尔伯特变换为

$$\tilde{x}(t)=\frac{1}{\pi}\int_{-\infty}^{+\infty}\frac{x(\tau)}{t-\tau}d\tau \tag{4.72}$$

可见，希尔伯特变换便是信号与 $1/(\pi t)$ 的卷积，设 $h(t)=1/(\pi t)$，为明确希尔伯特变换对信号的影响方式，对 $h(t)$ 进行傅里叶变换，即

$$H(f)=\int_{-\infty}^{+\infty}\frac{1}{\pi t}e^{-j2\pi ft}dt \tag{4.73}$$

这是一个典型函数的傅里叶变换，其结果为符号函数，即

$$H(f)=\begin{cases}-j, & f\geqslant 0\\ j, & f<0\end{cases} \tag{4.74}$$

这说明在正频率范围内信号被移相 $-\pi/2$，在负频率处则被移相 $\pi/2$，同时幅值不变，因此，希尔伯特变换被称为 90° 相移滤波。

由于相移 90°，余弦信号 $\cos 2\pi ft$ 的希尔伯特变换结果为 $\sin 2\pi ft$，而 $\sin 2\pi ft$ 的变换结果为 $-\sin 2\pi ft$。同时，一些信号的希尔伯特变换还具有一定特点。

比如，对于信号 $x(t)=e^{-\beta^2t^2}\cos(2\pi f_0 t+\varphi)$，其中，$\beta>0$，$\sigma=\dfrac{\beta}{\sqrt{2\pi}}$，$f_0>3\sigma$，$e^{-\beta^2t^2}$ 的频谱为 $\dfrac{1}{\sigma\sqrt{2\pi}}e^{-\frac{f^2}{2\sigma^2}}$，由于 $\cos(2\pi f_0 t+\varphi)$ 可表示为 $\dfrac{1}{2}\left[e^{j(2\pi f_0 t+\varphi)}+e^{-j(2\pi f_0 t+\varphi)}\right]$，由

傅里叶变换的频移特性可知

$$X(f)=\frac{1}{2}\frac{1}{\sigma\sqrt{2\pi}}e^{j\varphi}e^{-\frac{(f-f_0)^2}{2\sigma^2}}+\frac{1}{2}\frac{1}{\sigma\sqrt{2\pi}}e^{-j\varphi}e^{-\frac{(f+f_0)^2}{2\sigma^2}}$$

由正态分布概率密度函数性质可知，当 $f_0>3\sigma$ 时，若 $f<0$，上式等号后的前半部分近似为0；若 $f>0$，则后半部分近似为0。所以，$x(t)$ 的希尔伯特变换可表示为

$$\tilde{X}(f)=H(f)X(f)\approx -j\frac{1}{2}\frac{1}{\sigma\sqrt{2\pi}}e^{j\varphi}e^{-\frac{(f-f_0)^2}{2\sigma^2}}+j\frac{1}{2}\frac{1}{\sigma\sqrt{2\pi}}e^{-j\varphi}e^{-\frac{(f+f_0)^2}{2\sigma^2}}$$

对应的时域表达式为

$$\tilde{x}(t)\approx\frac{1}{2}e^{-\beta^2t^2}\left[-e^{j(2\pi f_0t+\varphi)}+e^{-j(2\pi f_0t+\varphi)}\right]=e^{-\beta^2t^2}\sin(2\pi f_0t+\varphi)$$

上式得以成立的重要前提是 $f_0>3\sigma$，即包络信号 $e^{-\beta^2t^2}$ 的频谱在余弦信号 $\cos(2\pi f_0t+\varphi)$ 的频率值 f_0 处的幅值接近于0。因此，对于信号 $x(t)=\alpha(t)s(t)$，若 $\alpha(t)$ 和 $s(t)$ 的频谱不重叠，即各自所占据的低频段和高频段间无重合部分，参照上述推导过程，显然可得

$$\tilde{x}(t)=\alpha(t)\tilde{s}(t) \tag{4.75}$$

这是希尔伯特变换的一个重要性质，在工程实际中具有十分广泛的应用。

4.4.3 瞬时频率与包络

若窄带信号为

$$x(t)=\alpha(t)\cos(2\pi f_0t+\varphi(t)) \tag{4.76}$$

该信号中的余弦函数的相位为时变的，令 $\theta(t)=2\pi f_0t+\varphi(t)$，由于 $\theta(t)$ 直接决定 $x(t)$ 波形的时变特征，所以，定义 $x(t)$ 的瞬时频率 $f_i(t)$ 为

$$f_i(t)=\frac{1}{2\pi}\frac{d\theta(t)}{dt}=f_0+\frac{1}{2\pi}\frac{d\varphi(t)}{dt} \tag{4.77}$$

可见，$f_i(t)$ 反映了余弦函数相位角的变化速率，瞬时频率与傅里叶分析中的“频率”的物理意义并不完全等同，前者反映每一个时刻处信号的变化特征，而后者对应的是谐波，需要对一段时间内的信号进行分析才能得到。

为从信号 $x(t)$ 中分离出包络 $\alpha(t)$ 的波形，可首先利用希尔伯特变换构造复数信号

$$z(t)=x(t)+j\tilde{x}(t)=\alpha(t)\left(\cos(2\pi f_0t+\varphi(t))+j\sin(2\pi f_0t+\varphi(t))\right) \tag{4.78}$$

则包络和瞬时频率分别为

$$|\alpha(t)|=\sqrt{x^2(t)+\tilde{x}^2(t)} \tag{4.79}$$

$$f_i(t)=\frac{1}{2\pi}\frac{\mathrm{d}}{\mathrm{d}t}\arctan\left(\frac{\tilde{x}(t)}{x(t)}\right) \tag{4.80}$$

同时，信号的包络往往含有设备的重要信息。在傅里叶分析的频移特性中已经介绍了齿轮振动中的调幅现象，其中齿轮偏心导致的振动信号便是包络信号。另外，由4.2.2节可知，利用希尔伯特变换构建复信号，继而求包络的方法具有较为严格的前提条件，所以，在对信号特点不明确时，可以首先提取信号中每一正极值点和负极值点及其对应的时间，然后利用三次B样条插值等方法进行插值计算，从而可分别得到上包络和下包络。

4.5 经验模态分解

4.5.1 本征模函数

本征模函数（intrinsic mode function，IMF）是经验模态分解（empirical mode decomposition，EMD）方法中的重要概念。在分解信号时，都需对信号的组成成分给定一假设，如傅里叶分析假设信号由无数个正弦波叠加而成，在EMD中，则假设信号由若干个IMF构成，并规定IMF应满足两个条件：

① 函数在整个时域内，局部极值点和过零点的数目相等，或最多相差一个；

② 在任意时刻，上包络线和下包络线的平均值必须为零。

其中，第一个条件意味着IMF在两相邻过零点间只有一个极值点，说明波形平滑，不存在中间的局部震荡，则其在频域内的分布较为集中，如正弦信号便满足这一要求，但这一条件并未规定过零点间的波形变化规律，如三角波、钟形波等都具有这一特点。第二个条件说明IMF的正负波动幅值是相同的，或波形是关于时间轴上下对称的，正弦信号同样满足这一要求，但是，也意味着IMF的上下包络线幅值是可以波动的，从而对波形的要求十分宽泛，正弦信号的上下包络都是直线，只是一种特例，而图4.16中的Morlet小波的上下包络是对称的，同样满足这一条件。

根据IMF的两个特点，可以将其表达为

$$IMF(t)=\alpha(t)s(t) \tag{4.81}$$

式（4.81）中，$\alpha(t)$ 为包络；$s(t)$ 为被包络信号，通常为窄带信号。信号则为IMF的叠加，即

$$x(t)=\sum_{n=1}^{N} IMF_n(t)+r_s(t) \tag{4.82}$$

式（4.82）中，$r_s(t)$ 为残余分量。

4.5.2　分解步骤

EMD的作用是将信号分解为若干个IMF，其实现过程与之前的傅里叶变换等方法存在明显区别。它不依赖于具体的公式运算一次性得到结果，而是通过不断的程序迭代依次得到各个IMF。首先，令 $n=0$，EMD实现过程如下。

① 得到信号的所有正极值点和负极值点，通过对极值点的插值得到信号的上包络线 $e_u(t)$ 和下包络线 $e_b(t)$，并计算包络均值：

$$e(t)=\frac{e_u(t)+e_b(t)}{2} \tag{4.83}$$

将信号减去包络均值，得到

$$h_1(t)=x(t)-e(t) \tag{4.84}$$

检验 $h_1(t)$ 是否满足IMF的两个条件，如果满足，则令 $n=n+1$，$h_1(t)$ 即为信号的一个本征模函数 $IMF_n(t)$，并执行③；如果不满足，则进入②。

② 令 $x(t)=h_1(t)$，重新执行①的工作。

③ 在信号中减去 $h_1(t)$，即

$$r(t)=x(t)-h_1(t) \tag{4.85}$$

若 $r(t)$ 满足给定的迭代停止条件，则结束计算；否则，令 $x(t)=r(t)$，重新进入①。

其中，迭代停止条件需人为事先给定，且比较灵活，比如，以 $r(t)$ 的某种统计值小于给定的阈值为条件，也可以以迭代次数为条件，还可以是 $r(t)$ 为单调函数。当EMD分解结束后，令残余分量 $r_s(t)=r(t)$，显然，$r_s(t)$ 是原始信号减去各 $IMF_n(t)$ 的结果，一般情况下，从 $r_s(t)$ 中无法继续提取到本征模函数。

另外，在EMD执行过程中，对于首次得到的上下包络平均值 $e(t)$，若它为单调函数，或波动十分缓慢，则可认为是信号的趋势项，在信号中减去 $e(t)$，便可完成去趋势项处理。

相对于傅里叶分析、小波变换等方法，EMD只对IMF限制了两个条件，对波形细节没有提出严格要求。从执行过程中可以发现，EMD的分解结果完

全取决于信号自身的波形特点，即EMD是一种自适应分解方法。而傅里叶分析等方法只能使用固定的公式分解信号，计算过程与信号特点完全无关，缺少自适应性。

4.5.3 希尔伯特-黄变换（HHT）

信号经EMD分解后，得到N个IMF，但每个IMF都是时域信号，仍未充分表现出信号的内部特征，有必要进一步处理各IMF。由于IMF与窄带信号的特点十分接近，所以，可对其做希尔伯特变换，并构造复信号，即

$$z_n(t) = IMF_n(t) + \mathrm{j}\widetilde{IMF}_n(t) \tag{4.86}$$

继而，利用复信号计算瞬时频率 $f_i^n(t)$ 和包络 $\alpha_n(t)$，为将这两种信息统一表示，令

$$H_n(f,\ t) = H_n\left(f_i^n(t),\ t\right) = \alpha_n(t)\cos\left[2\pi\left(\int f_t^n(t)\mathrm{d}t\right)\right] \tag{4.87}$$

然后，计算

$$H(f,\ t) = \sum_{n=1}^{N} H_n(f,\ t) \tag{4.88}$$

称 $H(f,\ t)$ 为信号的希尔伯特谱，是HHT的主要结果，可见，该谱在时频域表达信号，所以，EMD和希尔伯特谱适用于分析非平稳信号，而且能够细致反映出信号在任意时刻的瞬时频率的组合。若只关心信号中的瞬时频率特性，可对希尔伯特谱做时域统计，计算边际谱：

$$H(f) = \int_0^{+\infty} H(f,\ t)\mathrm{d}t \tag{4.89}$$

另外，在齿轮、滚动轴承等零部件的振动信号分析中，通常会计算包络信号的频谱，即包络谱，包络谱中往往存在与故障相关的低频谱线，对于推断故障类型和部位可提供重要信息。

4.6 δ 函数

4.6.1 δ 函数的定义

设一方波信号为

$$S(t) = \begin{cases} 1/T, & t \leqslant T/2 \\ 0, & t > T/2 \end{cases} \tag{4.90}$$

该信号的幅值为$1/T$，方波部分的面积为1，称为矩形脉冲，面积也可称为强度。保持面积为1不变，将T减小，当$T\to 0$时，得到单位脉冲函数，即δ函数，用$\delta(t)$表示。若脉冲发生在时刻t_0，则表示为$\delta(t-t_0)$。当然，δ函数不是普通函数，是一种广义函数，它会给信号表达和频谱计算带来很多便利。如图4.17所示。

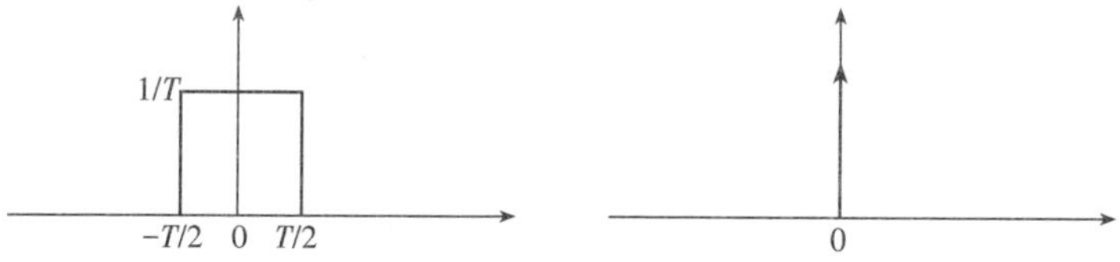

图4.17　矩形脉冲和单位脉冲函数

由δ函数的特点可知，它的积分为1，即

$$\int_{-\infty}^{+\infty}\delta(t)\mathrm{d}t=1 \tag{4.91}$$

同时，信号与δ函数的乘积为

$$x(t)\delta(t)=x(t_0)\delta(t) \tag{4.92}$$

乘积的积分则为

$$\int_{-\infty}^{+\infty}x(t)\delta(t)\mathrm{d}t=x(t_0) \tag{4.93}$$

所以，信号与δ函数的卷积为

$$x(t)*\delta(t)=\delta(t)*x(t)=\int_{-\infty}^{+\infty}x(\tau)\delta(t-\tau)\mathrm{d}\tau=x(t) \tag{4.94}$$

或

$$x(t)*\delta(t\pm t_0)=\int_{-\infty}^{+\infty}x(\tau)\delta(t\pm t_0-\tau)\mathrm{d}\tau=x(t\pm t_0) \tag{4.95}$$

4.6.2　δ函数的频谱

设$\delta(t)$的傅里叶变换结果为$\Delta(f)$，则有

$$\Delta(f)=\int_{-\infty}^{+\infty}\delta(t)\mathrm{e}^{-\mathrm{j}2\pi ft}\mathrm{d}t=\mathrm{e}^{-\mathrm{j}2\pi f_0}=1 \tag{4.96}$$

即$\delta(t)$在所有频率处的幅值都为1，这说明如果对一个系统施加一脉冲激励，会激发系统对所有频率的响应，从而可快速获得系统的频率响应函数。当然，实际中的脉冲都具有一定的时间宽度，但仍会在较宽的连续频率范围内有值，仍然具有工程实用价值。

根据傅里叶逆变换公式，可得

$$\delta(t)=\int_{-\infty}^{+\infty}1\cdot\mathrm{e}^{-\mathrm{j}2\pi ft}\mathrm{d}f=\int_{-\infty}^{+\infty}\cos 2\pi ft\mathrm{d}f+\mathrm{j}\int_{-\infty}^{+\infty}\sin 2\pi ft\mathrm{d}f \tag{4.97}$$

所以

$$\delta(t)=\int_{-\infty}^{+\infty}\cos 2\pi ft\mathrm{d}f \tag{4.98}$$

式（4.98）可以理解为 $\delta(t)$ 由无数个频率连续的余弦信号叠加而成。

由傅里叶变换的性质，可得

$$1\Leftrightarrow\delta(f) \tag{4.99}$$

$$\delta(t\pm t_0)\Leftrightarrow \mathrm{e}^{\pm \mathrm{j}2\pi f t_0} \tag{4.100}$$

$$\mathrm{e}^{\pm \mathrm{j}2\pi f_0 t}\Leftrightarrow\delta(f\mp f_0) \tag{4.101}$$

根据欧拉公式，余弦信号可以表示为

$$\cos 2\pi f_0 t=\frac{1}{2}\left(\mathrm{e}^{\mathrm{j}2\pi f_0 t}+\mathrm{e}^{-\mathrm{j}2\pi f_0 t}\right) \tag{4.102}$$

则有

$$\cos 2\pi f_0 t\Leftrightarrow\frac{1}{2}\left(\delta(f-f_0)+\delta(f+f_0)\right) \tag{4.103}$$

所以，信号的频谱可以使用 δ 函数表示。进一步地，由于周期为 $1/f_0$ 的信号的傅里叶级数展开为

$$x(t)=\sum_{n=-\infty}^{+\infty}c_n\mathrm{e}^{\mathrm{j}2\pi f_0 t} \tag{4.104}$$

所以，可得

$$x(t)=\sum_{n=-\infty}^{+\infty}c_n\delta(f-nf_0) \tag{4.105}$$

4.6.3 周期脉冲序列

如图4.18所示，周期脉冲序列由无数个单位脉冲按周期 T 排列而成，可表达为

$$g(t)=\sum_{n=-\infty}^{+\infty}\delta(f-nT) \tag{4.106}$$

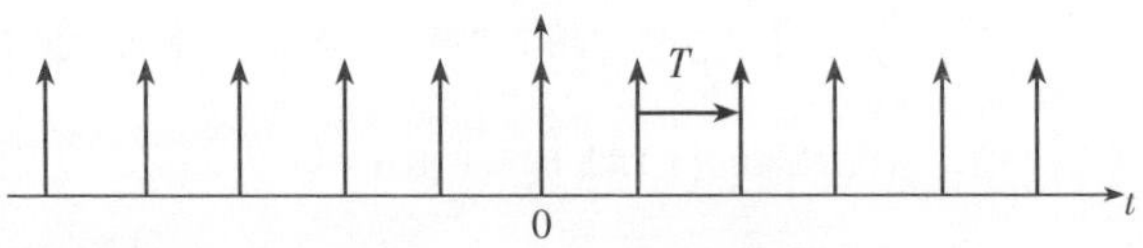

图4.18 周期脉冲序列

由于 $g(t)$ 是周期信号，则有

$$G(f)=\sum_{n=-\infty}^{+\infty}c_n\delta(f-nf_0) \tag{4.107}$$

其中，c_n 的值为

$$c_n=\frac{1}{T}\int_{-\frac{T}{2}}^{\frac{T}{2}}g(t)\mathrm{e}^{-\mathrm{j}2\pi nf_0t}\mathrm{d}t=f_0\int_{-\frac{T}{2}}^{\frac{T}{2}}\delta(t)\mathrm{e}^{-\mathrm{j}2\pi nf_0t}\mathrm{d}t=f_0 \tag{4.108}$$

所以，周期脉冲序列的频谱也为周期脉冲序列，每个脉冲的强度相等，都为 f_0，脉冲间的频率间隔也是 f_0。

在工程中常会遇到周期性冲击响应，比如零件间周期性碰撞产生的振动信号。如图4.19所示仿真信号 $x(t)$，图（a）为周期性冲击响应，图（b）为每个冲击响应的细致波形。设单个冲击响应为 $h(t)$，并设一周期脉冲序列函数为 $g(t)=\sum\limits_{n=-\infty}^{+\infty}\delta(f-nT)$，将 $h(t)$ 和 $g(t)$ 做卷积，便可得到图中的周期性冲击响应。直观上，相当于将单个冲击响应分配到 $g(t)$ 中每个脉冲所在的位置。

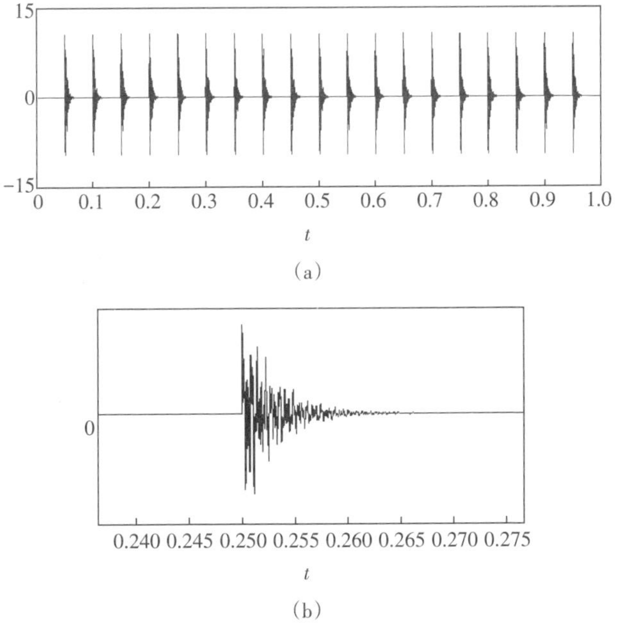

图4.19　周期性冲击响应

时域卷积对应频域相乘，即

$$X(f)=H(f)G(f)$$

这说明完整的周期性冲击响应的频谱与单个冲击响应频谱密切相关，但因为 $G(f)$ 的作用，两者又有很大区别。由于 $G(f)$ 是频域的周期脉冲序列，所以，幅频谱 $|X(f)|$ 中会存在大量的等间隔谱线，同时，$H(f)$ 调整了 $G(f)$ 的幅值，所以，$|X(f)|$ 的包络便是 $|H(f)|$。这一特点具有重要的工程实际意义，在齿轮、滚动轴承、轴系等零部件的故障诊断中可发挥重要作用。

第5章 统计分析方法

第4章中各种信号分析方法的主要思想是将信号分解为一系列波形，从而明确信号的组成情况，当然，信号分解结果的数据量一般会是原信号的若干倍。统计分析方法则与波形分解方法不同，主要是通过聚合和提炼信号或数据中的某些特点，形成较少的数据量，非常适合人工智能方法。相对于信号分解方法，适用于设备信息处理的统计分析方法并不多见，但在工程实际中被广泛使用，所以，本章介绍几种常用的统计分析方法。

5.1 常用统计值

对于同一被测对象的同一物理量，多次测量得到的数据可构成一数据集。对于数据量较大的动态信号，由于计算机处理的是离散的数字信号，所以，也可以将动态信号当作一个数据集，设数据集为X，其中的数据为x_n（$n=0$，1，…，$N-1$）。

在工程实际中，通常希望只使用少数几个数值便能反映设备状态，所以，经常对数据集进行统计处理而得到所需的统计值，主要包括时域统计和频域统计两种。

5.1.1 时域统计值

时域统计使用的是信号幅值，统计计算中忽略时间信息，结果通常为单个数值，便于了解数据集中状态的概貌。时域统计值种类繁多，侧重点不尽相同，以下列举几种常用的统计值。

（1）平均值

平均值的计算在第3章中已经提过，即

$$\bar{x}=\frac{1}{N}\sum_{n=0}^{N-1}x_n \tag{5.1}$$

对于静态测量数据，均值会更接近真实值；对于动态信号，均值则为信号中的直流分量，频率为0 Hz。对于动态信号 $x(t)$，若不做去均值预处理，直接做DFT时，$f=0$，有

$$X(0)=\frac{1}{N}\sum_{n=0}^{N-1}x_n \tag{5.2}$$

可见，频谱0频率处的幅值为信号的平均值，当平均值较大时，频谱中其他频率处的幅值会不便于观察。所以，在计算频谱之前应尽量去除信号均值。

（2）均方值

均方值为数据平方和的均值，即

$$\psi_x^2=\frac{1}{N}\sum_{n=0}^{N-1}{x_n}^2 \tag{5.3}$$

从量纲上看，均方值为能量或功率，可以认为是信号的平均功率，同时，由于未减去均值，所以，均方值反映了信号真实的平均功率。

另外，均方值开方的结果为均方根值或有效值，即

$$X_{rms}=\sqrt{\sum_{n=0}^{N-1}{x_n}^2} \tag{5.4}$$

（3）方差

方差的计算式为

$$\sigma^2=\frac{1}{N}\sum_{n=0}^{N-1}\left(x_n-\bar{x}\right)^2 \tag{5.5}$$

方差与均方值之间存在如下关系：

$$\psi_x^2=\sigma^2+\bar{x}^2 \tag{5.6}$$

式（5.6）的物理意义是信号的功率等于信号中波动分量与直流分量的功率之和，对于零均值信号，则方差与均方值相等。

同时，方差计算时需减去均值，之后对每一数据与均值的差的平方求和，所以，方差可以反映数据偏离均值的程度，方差越大，数据的离散度会越大，信号波形也会越尖锐。

（4）峭度指标

峭度指标的计算公式为

$$K=\frac{\sum_{n=0}^{N-1}\left(x_n-\bar{x}\right)^4}{N\sigma^4} \tag{5.7}$$

峭度指标是一种无量纲统计值，数值大小与信号的实际幅值无关。这一统计值能够反映信号波形是否“陡峭”：峭度小于3时，波形比较平缓；峭度大于3时，信号中存在比较明显的突变幅值，特别适合检测信号中是否存在冲击成分。同时，随着运转时间的增加，设备内部零部件磨损加剧，振动信号波形中毛刺状成分会增多，则峭度指标也会随之变大，所以，峭度指标的实际应用极其广泛。

5.1.2 频域统计值

信号的频域统计可使用幅频谱或功率谱信息，统计结果也为单个数值。与时域统计中忽略时间信息不同的是，频域统计中会综合频率与幅值两方面信息，其原因在于，时间的大小只与测试时长有关，而频率值及其对应的幅值则具有明确的物理意义，从而有必要考虑频率信息。下面以N点单边离散幅频谱$X(n)$为例，介绍几种比较典型的频域统计特征值。

（1）频率重心

如果将幅频谱视为质量均匀分布的板材，其重心的频率位置为

$$FC=\frac{\sum_{n=0}^{N-1}f(n)X(n)}{\sum_{n=0}^{N-1}X(n)} \tag{5.8}$$

式中，$f(n)$为第n个点处的频率值。频率重心由幅频谱的谱型和随频率轴的分布特征决定，但频率重心处对应的幅值并无特殊意义。当设备状态发生变化时，频谱会随之变化，从而频率重心位置也会产生迁移，所以，频率重心位置为设备状态判断提供初步参考信息。

（2）频率方差

频率重心值并不能充分反映频谱形状特征，而且，完全不同的幅频谱的频率重心可能是相同的，所以，还需使用其他统计值进一步描述频谱特征，如在频率重心基础上得到的频率方差即具有这种功能，其公式为

$$VF=\frac{\sum_{n=0}^{N-1}\left(f(n)-FC\right)^2X(n)}{\sum_{n=0}^{N-1}X(n)} \tag{5.9}$$

由式（5.9）可知，幅频谱在频率重心附近的分布越聚集，VF 的值越小，反之则越大，所以，频率方差描述了幅频谱谱型相对于频率重心的离散情况。

（3）谱不规律性

谱不规律性的计算公式为

$$FI=\frac{\sum_{n=1}^{N-1}\left(X(n)-X(n-1)\right)^{2}}{\sum_{n=0}^{N-1}X(n)^{2}} \tag{5.10}$$

式（5.10）的分子部分存在幅频谱相邻两点的幅值差，所以，幅频谱曲线越光滑，FI的值越小；若幅频谱中谱线数目众多，或存在随机干扰，则FI的值会较大。因此谱不规律性可以反映幅频谱的谱型特点。

（4）谱下降值

谱下降值可以描述幅频谱谱型的分布特点或能量在中低频处的集中程度。首先给定一参数c，且$0<c<1$，之后的计算是一个简单的寻优问题，即

$$\min f(r)=\left|\sum_{n=0}^{r}X(n)-c\sum_{n=0}^{N-1}X(n)\right| \tag{5.11}$$

式（5.11）中，$r\in\{0,1,\cdots,N-1\}$，设当$r=R$时得最优结果，则R为谱下降值。一般情况下，c的取值会大于0.5，所以，R值越小，说明信号能量主要集中在中低频段；而大的R值，则说明信号能量在中低频段分布较少，或频率分布较为集中。

5.2 概率密度

5.2.1 概率密度的数值计算

无论是多个静态测量数据，还是离散动态信号，都可以通过计算概率密度明确数据幅值的分布情况。对于N个离散数据x_n，可首先得到最大值$x_{\max}$和最小值$x_{\min}$，继而将区间$[x_{\min},x_{\max}]$平分为M段，每段长度为Δx，即

$$\Delta x=\frac{x_{\max}-x_{\min}}{M} \tag{5.12}$$

则第m段的中间值为

$$x^{m}=x_{\min}+\Delta x(m-0.5) \tag{5.13}$$

设幅值落入区间$[x^m-0.5\Delta x,\ x^m+0.5\Delta x)$的数据个数为$U_m$个，则概率密度函数可不严格地写为

$$P(x^m)=\frac{U_m}{N} \tag{5.14}$$

式（5.14）所得结果只是对数据概率密度的估计，若$N\to\infty$且$\Delta x\to 0$，则$P(x^m)$将逼近真实概率密度。同时，分段数M对计算结果的影响十分显著，通常按经验公式（5.15）确定

$$M=1.87(N-1)^{0.4} \tag{5.15}$$

概率密度曲线的形状对数据幅值的波动情况较为敏感，不同类型信号的概率密度曲线间往往存在较大区别。比如，图5.1中分别为信号$x(t)=\sin(2\pi\cdot 45\cdot t)$和$y(t)=\sin(2\pi\cdot 45\cdot t)+\sin(2\pi\cdot 90\cdot t)$的概率密度曲线，可见，当信号波形发生变化时，概率密度曲线会发生明显改变。所以，在工程实际中，可根据信号概率密度曲线的形状对设备状态进行初步判断。

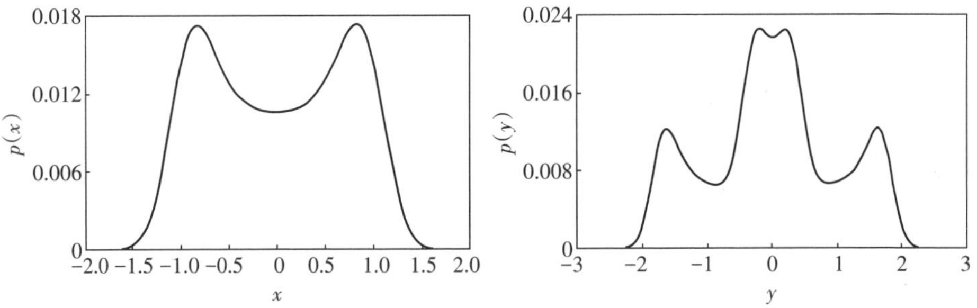

图5.1　两种信号的概率密度曲线

同时，当存在少数大幅值数据时，由于幅值大，会在概率密度曲线的远端存在非零值，又由于数量少，其概率值会很小，从而概率密度曲线会出现图5.2所示的长拖尾现象。这种长拖尾现象可用于判断数据中是否存在离群点，也可用于判断信号中是否存在幅值突变成分。

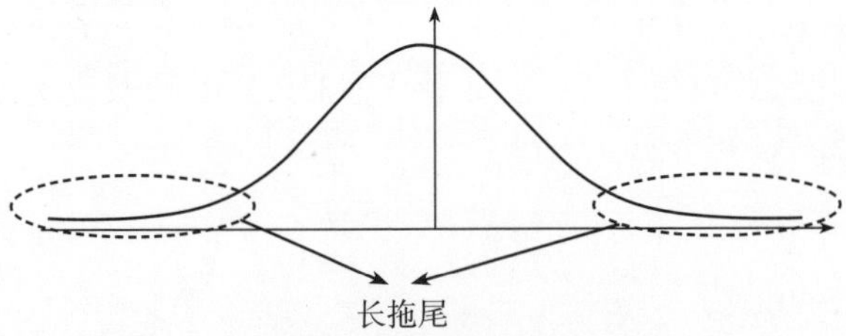

图5.2　概率密度曲线的长拖尾现象

5.2.2 信息熵

信息熵是信息论中的概念，其计算核心是概率密度，且可应用于数据处理，所以在这一部分介绍这一概念。由随机变量构成的数据集（比如多次测量得到的温度值构成的集合），是被测对象输出的信息，而动态信号也是被测对象输出的信息，所以，被测对象可被称为信息源。设信息源所有可能的输出为数据集 $X=\{x_0, x_1, \cdots, x_{N-1}\}$，对应的概率为 $P=\{p_0, p_1, \cdots, p_{N-1}\}$。

无论是日常生活还是工程实际中，大概率事件是经常发生的，从而事件所蕴含的信息量会较小，也可以理解为大概率事件不能提供更多新的信息，而小概率事件的信息量则较大。比如，设备润滑油液温度值异常是一种小概率事件，一旦发生，则说明设备发生了某种故障，同时，温度异常又会对设备运行产生不良影响。所以，可以基于概率对事件的信息量进行定量描述，即概率越小，事件发生的不确定性越大，而事件发生后能够提供的信息量也越大，计算式为

$$I(x_i)=-\log_a p_i=\log_a \frac{1}{p_i} \tag{5.16}$$

称 $I(x_i)$ 为自信息量，对数的底 a 可以有不同的取值，对应的 $I(x_i)$ 的单位也不同。比如，当 $a=2$ 时，单位为比特（bit）；当 a 为自然常数 e 时，单位为纳特（nat）；工程上常以10为底，单位为哈特（hart）。

至于计算自信息量时使用对数的原因，可以考虑两个相互独立的事件 A 和 B，对应的概率分别为 p_A 和 p_B，两事件同时发生的概率为 $p_A p_B$，则自信息量为

$$\begin{aligned} I(AB) &= -\log_a p_A p_B \\ &= -\log_a p_A - \log_a p_B \\ &= I(A)+I(B) \end{aligned} \tag{5.17}$$

显然，对数可使独立事件同时发生的自信息量转化为各自自信息量之和，从而在数学和物理上都具有合理性。

进一步地，对于一个信息源所有可能的输出 $X=\{x_0, x_1, \cdots, x_{N-1}\}$，可以计算平均自信息量，也称信息熵，即

$$H(X)=-\sum_{i=0}^{N-1} p_i \log_a p_i \tag{5.18}$$

可见，信息熵 $H(X)$ 反映了信息源的平均不确定性。如果 $H(X)$ 较大，说明信

息源可能的输出会很多，自身状态不够稳定，或信息源内部比较复杂，从而导致输出的多样化。所以，可使用信息熵作为描述系统状态的一个特征；在分析信号时，也可以计算信号的信息熵，并将其作为一种统计特征使用。

5.2.3 最小错误率贝叶斯决策

在判断设备状态时，通常会以某些信息的统计值为依据，但是，统计值与设备的具体状态或故障类型之间又往往不具有严格的对应关系，比如，轴承发生故障后，振动信号的方差会变大，但方差的具体数值并不能直接反映轴承的具体故障部位。另一方面，出现各种故障的概率和每种故障情况下信号方差落入不同数值区间的概率都是可以先验统计获得的，所以，可以利用这种先验知识，根据当前的方差值，判断轴承的具体故障，这种判断也可称为决策。

上述问题可以描述为，有N种状态$\boldsymbol{s}_n$，某个状态出现的已知概率为$P(\boldsymbol{s}_n)$，且满足

$$\sum_{n=1}^{N} P(\boldsymbol{s}_n) = 1 \tag{5.19}$$

同时存在一个向量$\boldsymbol{x}$，该向量中有m个数值，一般为各种统计值，并已知条件概率$P(\boldsymbol{x}|\boldsymbol{s}_n)$，即在状态为$\boldsymbol{s}_n$时，出现$\boldsymbol{x}$的概率。需要解决的问题是，现有一$\boldsymbol{x}$，如何判断它对应的状态，此时可使用贝叶斯公式

$$P(\boldsymbol{s}_n|\boldsymbol{x}) = \frac{P(\boldsymbol{x}|\boldsymbol{s}_n)P(\boldsymbol{s}_n)}{\sum_{n=1}^{N} P(\boldsymbol{x}|\boldsymbol{s}_n)P(\boldsymbol{s}_n)} \tag{5.20}$$

由式（5.20）可以计算出已知$\boldsymbol{x}$的条件下，出现$\boldsymbol{s}_n$的条件概率，显然，$P(\boldsymbol{s}_n|\boldsymbol{x})$中的最大值对应的$\boldsymbol{s}_i$便是判断结果。可以证明，使用这种方法时，判断结果的错误率是最小的，十分适合用于设备信息处理。

同时，式（5.20）可以等价为以下几种形式：

① 如果

$$P(\boldsymbol{x}|\boldsymbol{s}_i)P(\boldsymbol{s}_i) = \max_{n=1,\cdots,N} P(\boldsymbol{x}|\boldsymbol{s}_n)P(\boldsymbol{s}_n) \tag{5.21}$$

则有$\boldsymbol{x} \in \boldsymbol{s}_i$；

② 如果对于任意不等于i的n

$$l(\boldsymbol{x}) = \frac{P(\boldsymbol{x}|\boldsymbol{s}_i)}{P(\boldsymbol{x}|\boldsymbol{s}_n)} > \frac{P(\boldsymbol{s}_n)}{P(\boldsymbol{s}_i)} \tag{5.22}$$

则$\boldsymbol{x} \in \boldsymbol{s}_i$，称$l(\boldsymbol{x})$为似然比；

③ 对式（5.22）取对数，并取负数，可得

$$-\ln l(\boldsymbol{x}) = -\ln P(\boldsymbol{x}|\boldsymbol{s}_i) + \ln P(\boldsymbol{x}|\boldsymbol{s}_n) < \ln P(\boldsymbol{s}_i) - \ln P(\boldsymbol{s}_n)$$

使用最小错误率贝叶斯决策时，状态 $\boldsymbol{s}_n$ 的确定十分关键，必须能够涵盖所有状态。比如，对于轴承故障，可分为外圈、内圈、保持架、滚动体故障等状态，不能遗漏任何一个部位的故障。当然，划分得越细致，状态遗漏的可能性越大，所以，状态划分不宜过细。比如，对于轴承，可将状态直接划分为正常和异常两种，这样划分既可以降低错误识别率，又能满足工程需求。

5.3　相关分析

5.3.1　相关的定义

相关指的是两个信号间的波形相似程度。对信号进行相关分析是工程中的一种常用手段，也是某些信号分析或数据处理方法中的一个重要环节。

在第4章中已经提到，内积可定性反映两信号的波形相似性，但未进行定量讨论。设两信号分别为 $x(t)$ 和 $y(t)$，时长均为 T，为检验波形相似性，可计算两信号间的幅值差，并进行平方求和，即

$$e(\alpha) = \int_0^T \left(x(t) - \alpha y(t)\right)^2 \mathrm{d}t \tag{5.23}$$

考虑到会出现波形相同但幅值不同的情况，所以，式（5.23）中使用了幅值调节因子α，显然，当 $e(\alpha)$ 的值最小时，应有

$$\frac{\mathrm{d}e(\alpha)}{\mathrm{d}\alpha} = 0$$

即

$$\frac{\mathrm{d}e(\alpha)}{\mathrm{d}\alpha} = 2\int_0^T \left(-y(t)\right)\left(x(t) - \alpha y(t)\right)\mathrm{d}t = 0$$

可得

$$\alpha = \frac{\int_0^T x(t)y(t)\mathrm{d}t}{\int_0^T y^2(t)\mathrm{d}t} \tag{5.24}$$

则

$$e(\alpha) = \left(1 - \rho_{xy}^2\right)\int_0^T x^2(t)\mathrm{d}t \tag{5.25}$$

其中，

$$\rho_{xy}=\frac{\int_0^T x(t)y(t)\mathrm{d}t}{\sqrt{\int_0^T x^2(t)\mathrm{d}t}\sqrt{\int_0^T y^2(t)\mathrm{d}t}} \tag{5.26}$$

根据柯西–施瓦兹不等式，可知

$$\left|\int_0^T x(t)y(t)\mathrm{d}t\right| \leqslant \sqrt{\int_0^T x^2(t)\mathrm{d}t}\sqrt{\int_0^T y^2(t)\mathrm{d}t}$$

则有

$$\left|\rho_{xy}\right| \leqslant 1 \tag{5.27}$$

可见，反映波形相似程度的 $e(\alpha)$ 取决于 ρ_{xy}，当 $\rho_{xy}=1$ 时，$e(\alpha)=0$，说明此时 $x(t)$ 和 $y(t)$ 的波形完全相同（可以存在幅值差异）；当 $\rho_{xy}=0$ 时，$e(\alpha)$ 的值最大，说明两波形完全不同；当 $\rho_{xy}=-1$ 时，虽然 $e(\alpha)=0$，但两波形完全是反相的。由于 ρ_{xy} 能够定量地描述两信号间的波形相似程度，所以称其为相关系数。同时，由 ρ_{xy} 的表达式可知，ρ_{xy} 值完全取决于两信号的内积，这也验证了内积具有表征波形相似性的功能。

5.3.2 互相关与自相关

对比两信号波形时，还需考虑信号间存在时间差的情况。比如，当声源位置距两传感器距离不同时，声音信号到达两传感器的时间是不同的，距声源较远的传感器延迟测得信号。所以，只有将该信号波形向前移动延迟的时间长度，再进行波形对比，才能真正了解两路信号的波形相似程度。因此，在理论上，将周期信号的互相关函数定义为

$$R_{xy}(\tau)=\frac{1}{T}\int_0^T x(t)y(t+\tau)\mathrm{d}t \tag{5.28}$$

将瞬变非周期信号的互相关函数定义为

$$R_{xy}(\tau)=\int_{-\infty}^{+\infty} x(t)y(t+\tau)\mathrm{d}t \tag{5.29}$$

可见，在互相关函数中使用了延时 τ，其目的便是实现两信号的相对时移。同时，由于互相关函数的结果与信号自身幅值有关，为定量描述波形相似程度，实际中常使用互相关系数，周期信号和瞬变非周期信号的互相关系数分别为

$$\rho_{xy}(\tau)=\frac{R_{xy}(\tau)}{\sqrt{\int_0^T x^2(t)\mathrm{d}t}\sqrt{\int_0^T y^2(t)\mathrm{d}t}} \tag{5.30}$$

和

$$\rho_{xy}(\tau)=\frac{R_{xy}(\tau)}{\sqrt{\int_{-\infty}^{+\infty}x^2(t)\mathrm{d}t}\sqrt{\int_{-\infty}^{+\infty}y^2(t)\mathrm{d}t}} \tag{5.31}$$

由于引入了延时 τ，所以对单路信号也可做相关分析，称为自相关，其计算方式与互相关相同。对于周期信号和瞬态非周期信号，自相关函数分别为

$$R_{xx}(\tau)=\frac{1}{T}\int_0^T x(t)x(t+\tau)\mathrm{d}t \tag{5.32}$$

和

$$R_{xx}(\tau)=\int_{-\infty}^{+\infty}x(t)x(t+\tau)\mathrm{d}t \tag{5.33}$$

自相关系数分别为

$$\rho_{xx}(\tau)=\frac{R_{xx}(\tau)}{\int_0^T x^2(t)\mathrm{d}t} \tag{5.34}$$

和

$$\rho_{xx}(\tau)=\frac{R_{xx}(\tau)}{\int_{-\infty}^{+\infty}x^2(t)\mathrm{d}t} \tag{5.35}$$

对于自相关系数，显然存在 $\rho_{xx}(0)=1$；对于互相关系数，$\rho_{xy}(\tau)$ 中最大值对应的 τ 值即为两信号间的时间延迟。同时，随机信号的自相关系数会随着 τ 的增大而逐步衰减为零，其原因在于随机信号除了在 $\tau=0$ 处波形一致，在其他延时处则完全不同，因此，自相关分析有助于去除信号中的随机噪声成分。

另外，自相关函数和互相关函数有一个重要性质，即分别与自功率谱和互功率谱为傅里叶变换对。以瞬变非周期信号 $x(t)$ 和 $y(t)$ 的互相关函数为例，设信号对应的频谱分别为 $X(f)$ 和 $Y(f)$，互相关函数为

$$\begin{aligned}R_{xy}(\tau)&=\int_{-\infty}^{+\infty}x(t)y(t+\tau)\mathrm{d}t\\&=\int_{-\infty}^{+\infty}x(t)\left(\int_{-\infty}^{+\infty}Y(f)\mathrm{e}^{\mathrm{j}2\pi f(t+\tau)}\mathrm{d}f\right)\mathrm{d}t\\&=\int_{-\infty}^{+\infty}x(t)\mathrm{e}^{\mathrm{j}2\pi ft}\mathrm{d}t\left(\int_{-\infty}^{+\infty}Y(f)\mathrm{e}^{\mathrm{j}2\pi f\tau}\mathrm{d}f\right)\\&=\int_{-\infty}^{+\infty}\bar{X}(f)Y(f)\mathrm{e}^{\mathrm{j}2\pi f\tau}\mathrm{d}f\end{aligned} \tag{5.36}$$

由式（5.36）可知，$R_{xy}(\tau)$ 是 $\bar{X}(f)Y(f)$ 的傅里叶逆变换，称 $P_{xy}(f)=\bar{X}(f)Y(f)$ 为互功率谱。可见，$P_{xy}(f)$ 的模为两信号频谱模的乘积，说明只有 $x(t)$ 和 $y(t)$ 中都有的频率成分才会出现在互功率谱中，这说明互相关函数可以提取两路信号中共有信号成分；$P_{xy}(f)$ 的相位则为两信号频谱的相位差，这与互相关函数能够描述两信号间的延时是一致的。同时，由式（5.36）推导过程可知，自

功率谱为

$$P_{xx}(f)=\bar{X}(f)X(f)=\left|X(f)\right|^2 \tag{5.37}$$

可见，信号的自功率谱是信号频谱模的平方，但没有相位信息，说明信号的自相关函数中所有频率成分间都没有相位差，且相位都是零。

5.3.3 相关分析的数值计算

实测信号都是时域有限的。设信号时长为T，点数为N，当计算相关时，由于延时τ的存在，会出现$t+\tau>T$的情况，随着τ值的增加，两信号参与计算的有效时长会不断变短，所以，对于有限时长信号的自相关和互相关函数，应根据τ值进行幅值调整，以互相关为例，计算式为

$$R_{xy}(\tau)=\frac{1}{T-\tau}\int_0^T x(t)y(t+\tau)\mathrm{d}t \tag{5.38}$$

设r为延迟的点数，则其对应的离散形式为

$$R_{xy}(r)=\frac{1}{N-r}\sum_{n=0}^{N-r-1}x(n)y(n+r) \tag{5.39}$$

式（5.39）对应$r>0$时的情况，相当于$y(n)$不断左移，每移动一次，与$x(n)$对应的点相乘后求和，仍设$r>0$，$y(n)$右移的情况对应的计算式为

$$R_{xy}(-r)=\frac{1}{N-r}\sum_{n=r}^{N-1}x(n)y(n-r) \tag{5.40}$$

在计算互相关时，可以按照式（5.39）和式（5.40）直接编程计算，但计算量很大。由于互相关函数和互功率谱是傅里叶变换对，所以，可首先计算两信号的频谱，继而计算互功率谱，然后做傅里叶逆变换，得到互相关函数。由于整个计算过程都基于DFT或IDFT，使用FFT算法，可以获得很快的计算速度。

但是，由4.2.3节可知，基于DFT计算两信号频谱时，一个隐含的假设是被分析信号是以T为周期的周期信号，对应的离散点数为N，被分析的只是一个周期内的信号段。同时，互相关函数与互功率谱间为傅里叶变换对的理论推导前提是信号为时域无限的周期信号或瞬变非周期信号，并未考虑时域有限信号的情况。所以，基于DFT计算互相关时对应的是5.3.2节中给出的公式，离散形式为

$$\tilde{R}_{xy}(r)=\frac{1}{N}\sum_{n=0}^{N-1}x(n)y(n+r) \tag{5.41}$$

且假设$x(n)$和$y(n)$的周期均为N，即$x(n)=x(n+N)$，$y(n)=y(n+N)$，则式

（5.41）中，当$n+r>N-1$时，有

$$y(n+r)=y(n+r-N) \tag{5.42}$$

由于可在$y(n)$中不断取值，将$\tilde{R}_{xy}(r)$称为循环相关。显然，对于周期信号，若$y(n)$不是一个整周期信号段，$\tilde{R}_{xy}(r)$与真实相关间会存在偏差；对于非周期信号，则这种偏差是必然存在的。进一步地，将$\tilde{R}_{xy}(r)$表示为

$$\tilde{R}_{xy}(r)=\frac{1}{N}\sum_{n=0}^{N-r-1}x(n)y(n+r)+\frac{1}{N}\sum_{n=N-r}^{N-1}x(n)y(n+r) \tag{5.43}$$

可见，式（5.43）求和部分的第二项对应的便是偏差，根据实际互相关计算公式，有

$$\sum_{n=0}^{N-r-1}x(n)y(n+r)=(N-r)R_{xy}(r) \tag{5.44}$$

$$\sum_{n=N-r}^{N-1}x(n)y(n+r)=\sum_{n=N-r}^{N-1}x(n)y(n+r-N)=rR_{xy}\big(-(N-r)\big) \tag{5.45}$$

则

$$\tilde{R}_{xy}(r)=\frac{1}{N}(N-r)R_{xy}(r)+\frac{1}{N}R_{xy}\big(-(N-r)\big) \tag{5.46}$$

当$r\ll N$时，$\frac{1}{N}R_{xy}\big(-(N-r)\big)$的值会相对较小，可以忽略不计，则有

$$R_{xy}(r)\approx\frac{N}{N-r}\tilde{R}_{xy}(r) \tag{5.47}$$

所以，在基于DFT得到循环相关结果后，应进行线性补偿以调整幅值，逼近真实相关，同时，应注意只有r值较小时，互相关结果才具有较高的可信性。

5.4 主元分析

5.4.1 高维特征集

在日常生活中，判断一个事物往往会依据多个特征。比如，在划分气候类型时，需依据温度、湿度、纬度、动植物等多种特征。可见，使用多个特征可提高信息的全面性和判断结果的准确性，尤其是对于复杂的识别对象，如指纹识别、人脸识别等，使用多个有效特征是必需的。

在进行被测设备的状态描述和识别时，通常会将多种特征数值构建成向量，比如，可将方差σ^2、峭度指标K、频率重心FC构成向量$\boldsymbol{x}=[\sigma^2, K, FC]^{\mathrm{T}}$，通常也将$\boldsymbol{x}$称为特征集。如果设备状态不同时，向量$\boldsymbol{x}$会出

现明显变化，则说明 $\boldsymbol{x}$ 是适用的，否则，有必要选择其他特征重建向量 $\boldsymbol{x}$。同时，在工程实际中，会将多次测试所得的特征集合并为矩阵形式，即

$$\boldsymbol{X}=\left[\boldsymbol{x}_0 \quad \boldsymbol{x}_1 \quad \cdots \quad \boldsymbol{x}_{N-1}\right]$$

一般情况下，特征集 $\boldsymbol{x}$ 中的维数会大于3，在一些复杂的状态识别场合中，维数甚至达到几十，所以，$\boldsymbol{x}$ 通常为高维特征集，$\boldsymbol{X}$ 则为高维数据矩阵。

当特征集维数较高时，会增大 $\boldsymbol{X}$ 的数据量，并且会显著增加后期识别算法的计算量，所以，有必要对 $\boldsymbol{X}$ 进行降维处理。需要指出的是，降维并不是简单地去除某一个特征，而是在现有特征基础上，缩减特征集维数，并确保降维之后并未产生大量的信息丢失。

5.4.2 主元分析原理

主元分析是一种典型的高维数据降维方法，英文缩写为PCA。如图5.3所示，在 ab 坐标系中，需使用 x 和 y 两个坐标值才能表达清楚每个点的位置和点集的分布状态。主元分析的基本思想是寻找一个正交坐标系，在这个坐标系中，只需要使用点在少数坐标轴上的投影值便可大体提供点的位置和点集分布等信息，如使用 a_1b_1 坐标系，点集在 a_1 轴的投影值便可反映点集分布状态的主要特征，如果只使用该坐标轴投影值表达点集，则实现了数据集的降维。

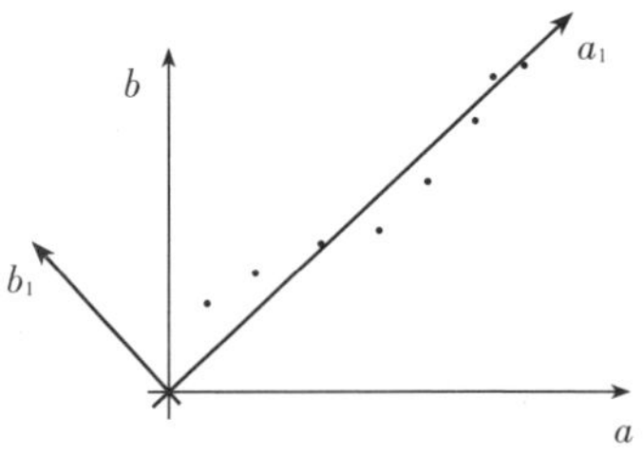

图5.3 主元分析基本原理

当然，这样的正交坐标系可以找到无数种，所以，应给定限制或目标。主元分析方法规定，在新的坐标系中，点集在各坐标轴的投影值应是两两正交的，这样可以使各坐标轴获得的信息是相互独立的。对于由 M 个 N 维特征集构成的数据矩阵 $\boldsymbol{X}$，可认为是 N 维空间中的 M 个点，设向新坐标系中投影的转换矩阵为 $\boldsymbol{A}$，$\boldsymbol{A}$ 的每一列对应一投影方向，投影结果为

$$\boldsymbol{Y}=\boldsymbol{A}^{\mathrm{T}}\boldsymbol{X} \tag{5.48}$$

矩阵 $\boldsymbol{Y}$ 中第 i 行中的 M 个数为 $\boldsymbol{X}$ 表示的 M 个点在新坐标系中第 i 个坐标轴上的投影点，若 $\boldsymbol{Y}$ 中不同行之间的数据正交，则需满足

$$\sum_{m=0}^{M-1}\boldsymbol{Y}_{im}\boldsymbol{Y}_{jm}=\begin{cases}\alpha_{ij}, & i=j\\0, & i\neq j\end{cases} \tag{5.49}$$

式（5.44）中，$\alpha_{ij}>0$，表达为矩阵形式为

$$YY^{\mathrm{T}}=\begin{bmatrix}\alpha_{00} & \cdots & 0\\ \vdots & & \vdots\\ 0 & \cdots & \alpha_{N-1,\ M-1}\end{bmatrix} \tag{5.50}$$

计算结果为只在对角线上有值，其他位置处为零，即转换矩阵$\boldsymbol{A}$应满足这一条件，将式（5.50）展开，可得

$$YY^{\mathrm{T}}=A^{\mathrm{T}}(XX^{\mathrm{T}})A=\begin{bmatrix}\alpha_{00} & \cdots & 0\\ \vdots & & \vdots\\ 0 & \cdots & \alpha_{N-1,\ M-1}\end{bmatrix} \tag{5.51}$$

理论上更方便地表达为

$$E[YY^{\mathrm{T}}]=A^{\mathrm{T}}E[XX^{\mathrm{T}}]A \tag{5.52}$$

观察式（5.52）可知，矩阵$\boldsymbol{A}$为矩阵$\boldsymbol{XX}^{\mathrm{T}}$的特征向量矩阵，矩阵$E[\boldsymbol{XX}^{\mathrm{T}}]$为$\boldsymbol{X}$的协方差矩阵，同时，需要说明的是，计算协方差矩阵时有零均值处理，使$\boldsymbol{X}$中每一行的数据都是零均值的。

由此，主元分析的实现步骤如下：

①对$\boldsymbol{X}$的各行做零均值处理，结果仍设为$\boldsymbol{X}$；

② 计算$\boldsymbol{X}$的协方差矩阵，即$\boldsymbol{C}=E[\boldsymbol{XX}^{\mathrm{T}}]$；

③ 计算矩阵$\boldsymbol{C}$的N个特征值λ_n和特征向量$\boldsymbol{a}_n$，列向量$\boldsymbol{a}_n$即为新坐标系中第n个坐标轴在原坐标系中的方向，称为第n阶主元方向，由$\boldsymbol{a}_n$可以构成投影矩阵$\boldsymbol{A}=[\boldsymbol{a}_0,\ \boldsymbol{a}_1,\ \cdots,\ \boldsymbol{a}_{N-1}]$,则$\boldsymbol{X}$向新坐标系的转换为

$$Y=A^{\mathrm{T}}X \tag{5.53}$$

④ 为实现对$\boldsymbol{X}$的降维，将特征值λ_0到λ_{N-1}按降序排列，给定一阈值θ，$\theta\in[0,\ 1]$，则满足

$$\frac{\sum_{n=0}^{P-1}\lambda_n}{\sum_{n=0}^{N-1}\lambda_n}\geqslant\theta$$

的最小P值即为降维后的维数，即只使用前P个特征向量对$\boldsymbol{X}$进行坐标变换即可实现高维数据的降维。其中，θ的值常设为大于0.8，以保留原始数据中的绝大多数信息。在工程实际中，通常希望将维数降至三维之内，从而可使数据可视化。

主元分析常被用于模式识别前的数据集降维。设有Q个待识别对象，首先从每个待识别对象中选取多个样本，为表述方便，假设各取S个样本，继而

计算每个样本的N个特征，构成一列向量，将由所有样本得到的$Q\times S$个列向量构成矩阵，设为$\boldsymbol{X}$，对$\boldsymbol{X}$做PCA处理，得到所需的主元方向$\boldsymbol{a}_0$至$\boldsymbol{a}_{P-1}$，构成矩阵$\tilde{\boldsymbol{A}}=[\boldsymbol{a}_0, \boldsymbol{a}_1, \cdots, \boldsymbol{a}_{P-1}]$，至此，便完成了对样本数据的处理。在实际识别时，仍然计算待识别对象的N个特征，得到一列向量$\boldsymbol{x}_r$，然后计算$\boldsymbol{y}_r=\tilde{\boldsymbol{A}}^{\mathrm{T}}\boldsymbol{x}_r$，后续的识别算法便使用$\boldsymbol{y}_r$进行对象识别。

在使用主元分析时，特征集中各个特征数值在数量级上不能有较大差别。由图5.3可知，当某一个特征数值远大于其他特征时，主元方向几乎会完全取决于该特征，其他特征便失去了意义。所以，在进行主元分析之前，有必要对各特征进行数量级的调整，使各特征数值区间一致或接近。

5.4.3 应用简例

图5.4为一石油抽油机试验模型，以抽油机常见故障中的驴头与横梁间的连接销轴磨损、横梁不对中以及这两种故障的混合为例，在驴头上布置振动加速度传感器，对正常状态和不同故障时的振动信号进行多次检测，得到样本信号。

图5.4　石油抽油机试验模型

继而，对测得的所有样本信号均计算以下几种无量纲化频域特征：

$$SC=\frac{\sum_{n=0}^{N-1}n\cdot Y(n)}{N\sum_{n=0}^{N-1}Y(n)}$$

$$SBW=\frac{\sum_{n=0}^{N-1}|SC-n|\cdot Y(n)}{N\sum_{n=0}^{N-1}Y(n)}$$

$$SRO=\frac{R}{N},\ \sum_{n=0}^{R-1}Y(n)=C\sum_{n=0}^{N-1}Y(n)$$

$$SF = \frac{1}{N}\sum_{n=0}^{N-1}\Delta f \cdot Y(n)$$

以上各式中，$Y(n)$为信号幅频谱，N为幅频谱点数，Δf为幅频谱的频率分辨力，SRO为归一化的谱下降值，参数C取0.6。按5.4.2节的说明，将每段信号的上述五种频域特征构成一数据矩阵，对该矩阵进行主元分析后，特征数据在前三个主元方向的投影如图5.5所示，从图中可见，相同故障的投影点具有较好的聚集性，不同故障的投影点之间则具有明显的距离，从而表现出很好的可分类性，这便为后期的智能识别工作创造了有利条件，并可以大幅度降低识别算法的复杂程度。

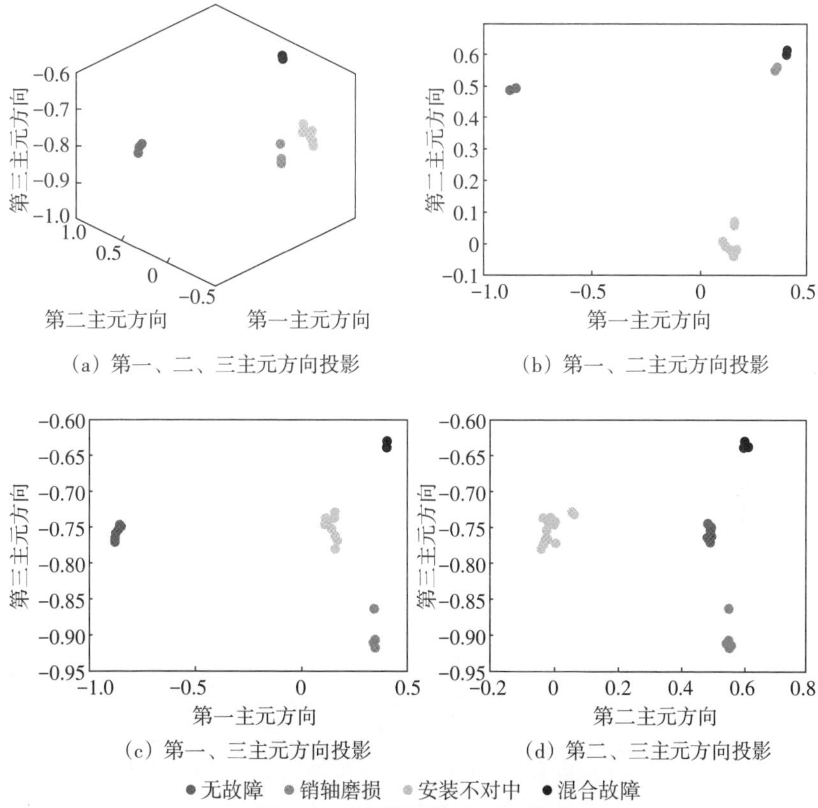

图5.5　不同故障情况下投影图

当然，需要注意的是，主元分析只是一种高维数据降维方法，并不是分类方法，但可以根据主元分析后的投影图判断特征集是否合适。如果不同类的投影点混杂在一起，便说明所选取的特征不够合理。因此，尤其在模式识别场合，特征的选取十分关键，绝不能随意选取，需进行大量的特征筛选和特征组合的优化工作。

5.5 聚类分析

当特征集的数量很大时，有时会希望对数据集进行类别划分，可称为聚类分析。比如，对于长期监测的设备，会对测得的数据计算各种特征，形成大量特征集。显然，当设备工况不同时，对应的特征集也会有所区别，从而特征集会表现出一定的聚类现象，即相同工况对应的特征集会较为相似，不同工况对应的特征集则会有所区别，进行聚类分析会便于提供设备状态信息。再比如，对于图5.5中的投影图，虽然可直接观察到明显的聚类情况，但仍需通过计算转换为可用数值或计算机程序表达的聚类状态。所以，聚类分析既可以实现特征集的自动分类，也可以提供更深层次的设备信息，还可以反映出特征集的构建质量。

聚类分析主要涉及三方面问题：一是如何判断特征集间的相似性；二是将不同特征集归为一类的准则是什么；三是如何实现聚类。

5.5.1 相似性判据

由于特征集可认为是高维空间的点，直观上，如果两特征集相似，则对应的点之间的距离会较近，所以，可以根据两点间的距离判断特征集间的相似程度。设两N维特征集对应的列向量为$\boldsymbol{x}$和$\boldsymbol{y}$，两者间的距离度量方法有很多，常用的有如下几种。

（1）欧氏距离

欧氏距离比较直观，其计算公式为

$$D=\|\boldsymbol{x}-\boldsymbol{y}\|=\left[\sum_{n=0}^{N-1}\left(x_n-y_n\right)^2\right]^{-\frac{1}{2}} \tag{5.54}$$

由于特征集中的数据往往具有不同的物理意义，有时甚至对应不同的物理量，从而数据的数量级可能有很大差别，比如$\boldsymbol{x}=\{0.1，100\}$，$\boldsymbol{y}=\{0.15，200\}$，此时，数量级大的特征会主导计算结果，会对后续计算和直观表达产生影响，所以，应进行标准化处理。

对于M个N维特征集$\boldsymbol{x}_{mn}$，首先对每一维数据进行标准化处理，对于第n维数据，计算式为

$$\bar{\boldsymbol{x}}_{mn}=\frac{\boldsymbol{x}_{mn}-\mu_n}{\sigma_n} \tag{5.55}$$

式（5.55）中，σ_n 和 μ_n 分别为第 n 维数据的均值和标准差，则第 i 个和第 j 个特征集之间的标准化欧氏距离为

$$D_{ij}=\left[\sum_{n=0}^{N-1}\left(\bar{\boldsymbol{x}}_{in}-\bar{\boldsymbol{x}}_{jn}\right)^2\right]^{-\frac{1}{2}}=\left[\sum_{n=0}^{N-1}\frac{\left(\boldsymbol{x}_{in}-\boldsymbol{x}_{jn}\right)^2}{\sigma_n^2}\right]^{-\frac{1}{2}} \tag{5.56}$$

（2）曼哈顿距离

曼哈顿距离的计算公式为

$$D=\sum_{n=0}^{N-1}\left|\boldsymbol{x}_n-\boldsymbol{y}_n\right| \tag{5.57}$$

可见，曼哈顿距离度量的不是两点间的直线距离，而是其在各维度上距离的和。

（3）余弦距离

由于可将特征集看作空间矢量，如果两特征集对应的矢量之间夹角很小，则说明它们的方向是接近的，从而具有一定的相似性，余弦距离便描述这种方向上的相似性，其计算公式为

$$D=1-\frac{\boldsymbol{x}^{\mathrm{T}}\boldsymbol{y}}{\|\boldsymbol{x}\|\|\boldsymbol{y}\|} \tag{5.58}$$

可见，余弦距离为用1减去两矢量间夹角的余弦值，当两矢量方向一致时，余弦距离为零。当然，余弦距离只描述方向的差异，不能表达两特征集间的长度距离，这是其主要缺点。

5.5.2　聚类准则

聚类准则可以认为是聚类的目标，通常使用一定的准则函数评价聚类结果，检验其是否实现良好聚类。同时，聚类也是一种优化过程，准则函数则是优化的目标函数。准则函数种类较多，对聚类结果的评价角度各有侧重，在评价类的聚集性方面，误差平方和准则使用较多，其公式为

$$J_e=\sum_{i=1}^{C}\sum_{j=1}^{N_i}\left\|\boldsymbol{x}_{ij}-\boldsymbol{m}_i\right\|^2 \tag{5.59}$$

式（5.59）中，C 为划分的类数，N_i 为第 i 个类中特征集的数目，$\boldsymbol{m}_i$ 为第 i 个类的均值向量，即

$$\boldsymbol{m}_i = \frac{1}{N_i}\sum_{j=1}^{N}\boldsymbol{x}_{ij} \tag{5.60}$$

$\boldsymbol{m}_i$ 是类的中心，理想情况下，每个类中的点都重合于 $\boldsymbol{m}_i$ 处，但 $\boldsymbol{x}_{ij}$ 却多会偏离 $\boldsymbol{m}_i$ 一定的距离，这种距离可认为是一种误差。所以，函数值 J_e 描述了聚类结果中类内的综合聚集性情况。如果使其最小，便可实现理想的聚类。当然，聚集和分散是相对的，当 J_e 值很大时，说明类内的分散性较强，聚类效果不佳。

另外，以 J_e 最小为聚类目标时，可能会出现聚类错误，如图5.6所示，当一个类所占空间较大时，其边缘的点可能被归为另一类，此时计算得到的 J_e 会比正确分类时还小。

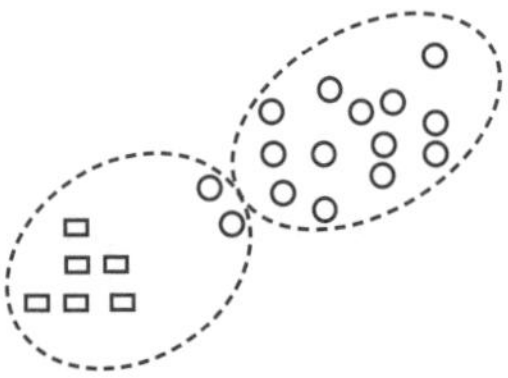

图5.6　错误聚类示例

5.5.3　分级聚类法

分级聚类法是一种比较常用的方法，它首先将待聚类的每个特征集都视为一类，之后进行分级式的聚类，每一级都将距离最小的特征集归为一类，直至满足给定的聚类目标。聚类过程中的“距离”是指两个类之间的距离，通常使用最近、最远和均值距离。设两个类分别为 K_i 和 K_j ，类中的特征集分别设为 $\boldsymbol{x}_{ip}$ 和 $\boldsymbol{x}_{jq}$，其中，$p=1, \cdots, N_i$，$q=1, \cdots, N_j$，N_i 和 N_j 为类中特征集的数目。两个类中特征集之间的相似性（即5.5.1节中的各种距离，可任选一种距离类型）设为 $d(\boldsymbol{x}_{ip}, \boldsymbol{x}_{jq})$，则最近距离为

$$\Delta(K_i, K_j) = \min d(\boldsymbol{x}_{ip}, \boldsymbol{x}_{jq})$$

最远距离为

$$\Delta(K_i, K_j) = \max d(\boldsymbol{x}_{ip}, \boldsymbol{x}_{jq})$$

均值距离为

$$\Delta(K_i, K_j) = d(\boldsymbol{m}_i, \boldsymbol{m}_j)$$

在聚类时，可以选择上述三种距离中的一种，不同距离对聚类过程和结果的影响是不同的。

在明确了距离类型后，分级聚类方法的实现过程如下：

① 将待聚类的N个特征集视为N个类，即每个特征集为一类；

②计算类间距离 $\Delta(K_i, K_j)$，将距离最小的两个类合并为一类；

③ 判断是否满足聚类停止条件，若满足则停止，若不满足则返回第②步。

其中，聚类停止条件是事先给定的，可以是类的数目，也可以是类间距离的阈值，还可以是上一小节中的准则函数。图5.7为分级聚类的示意图，可见，每一级聚类都会将一个特征集归入一类，即类数减少一个，如果不设置停止条件，则最后会把所有特征集归为一类。另外，当选用最近距离和最远距离时，由距离的表达式可知，聚类的基础数据是所有特征集两两之间的距离，所以，在实现过程中，不必在每一级都计算距离。

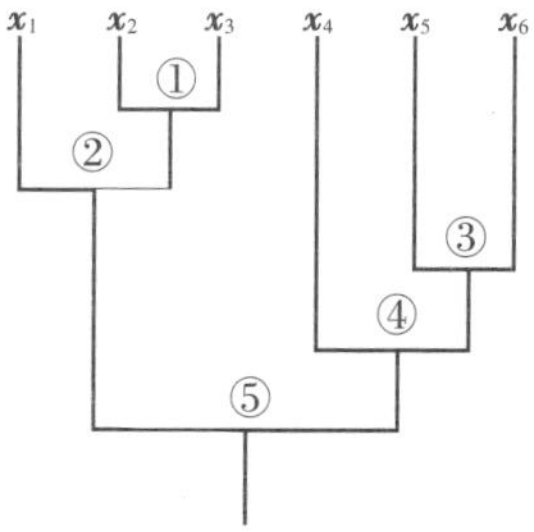

图5.7　分级聚类示意图

例如，现有5个三维特征集：$\boldsymbol{x}_1=(2,\ 5,\ 5)'$，$\boldsymbol{x}_2=(1,\ 1,\ 4)'$，$\boldsymbol{x}_3=(1,\ 3,\ 4)'$，$\boldsymbol{x}_4=(4,\ 6,\ 2)'$，$\boldsymbol{x}_5=(4,\ 3,\ 1)'$。使用最近距离，相似性判据选用欧氏距离，首先将五个特征集视为5类，即 $K_i=\{\boldsymbol{x}_i\}$，计算两两之间的欧氏距离，结果如表5.1所示。

表5.1　各特征集间的欧氏距离

	$\boldsymbol{x}_1$	$\boldsymbol{x}_2$	$\boldsymbol{x}_3$	$\boldsymbol{x}_4$	$\boldsymbol{x}_5$
$\boldsymbol{x}_1$	0	4.2426	2.4495	3.7417	4.8990
$\boldsymbol{x}_2$	4.2426	0	2.0000	6.1644	4.6904
$\boldsymbol{x}_3$	2.4495	2.0000	0	4.6904	4.2426
$\boldsymbol{x}_4$	3.7417	6.1644	4.6904	0	3.1623
$\boldsymbol{x}_5$	4.8990	4.6904	4.2426	3.1623	0

首先进行第一级聚类，从表5.1中可以发现 $\boldsymbol{x}_2$ 和 $\boldsymbol{x}_3$ 之间的距离最近，将二者归为一类，则聚类结果为

$$K_1=\{\boldsymbol{x}_1\}$$

$$K_2=\{\boldsymbol{x}_2,\ \boldsymbol{x}_3\}$$

$$K_3=\{\boldsymbol{x}_4\}$$

$$K_4=\{\boldsymbol{x}_5\}$$

继而进行第二级聚类，可首先在表5.1中寻找 K_2 与其他类的最近距离，即先删除表中 $\boldsymbol{x}_2$ 和 $\boldsymbol{x}_3$ 之间的距离2.0000，然后在 $\boldsymbol{x}_2$ 和 $\boldsymbol{x}_3$ 所在的两行（或列）中寻找最小值，即 $\boldsymbol{x}_1$ 与 $\boldsymbol{x}_3$ 的距离2.4495，该值便是 K_2 与其他各类的最近距离，然后在剩余三行中寻找最小值，得到3.1623，但该值大于2.4495，所以，将 $\boldsymbol{x}_1$ 归入 K_2，更新聚类序号，第二级聚类结果为

$$K_1=\{\boldsymbol{x}_1, \boldsymbol{x}_2, \boldsymbol{x}_3\}$$
$$K_2=\{\boldsymbol{x}_4\}$$
$$K_3=\{\boldsymbol{x}_5\}$$

第三级聚类与第二级类似，首先删除表5.1中 K_1 中特征集两两之间的距离，如表5.2所示，表中的最小值为 $\boldsymbol{x}_4$ 和 $\boldsymbol{x}_5$ 之间的距离3.1623，则可将两特征集归为一类，新的聚类结果为

$$K_1=\{\boldsymbol{x}_1, \boldsymbol{x}_2, \boldsymbol{x}_3\}$$
$$K_2=\{\boldsymbol{x}_4, \boldsymbol{x}_5\}$$

表5.2　删除类内特征集距离后的欧氏距离

	$\boldsymbol{x}_1$	$\boldsymbol{x}_2$	$\boldsymbol{x}_3$	$\boldsymbol{x}_4$	$\boldsymbol{x}_5$
$\boldsymbol{x}_1$				3.7417	4.8990
$\boldsymbol{x}_2$				6.1644	4.6904
$\boldsymbol{x}_3$				4.6904	4.2426
$\boldsymbol{x}_4$	3.7417	6.1644	4.6904	0	3.1623
$\boldsymbol{x}_5$	4.8990	4.6904	4.2426	3.1623	0

显然，若进行第四级聚类，则会将 K_1 和 K_2 合并，最终只得到一类。

分级聚类方法的一个特点是，一旦将一个特征集归入一类，它将一直属于这个类，不会被调整出去，所以，分级聚类属于一种静态聚类，与之对应的是动态聚类方法，常见的有C均值聚类法和ISODATA法等。在聚类分析之前，实际的类数和每个类的特点都是未知的，不同的聚类方法各有其优缺点，从而会给聚类结果带来一定的不确定性，所以，对聚类结果仍需进一步检验其合理性和有效性。

5.5.4　C均值聚类法

C均值聚类法是一种将N个特征集划为C个类别的方法，相对于分级聚类法，该法是一种动态聚类算法，即在聚类过程中，特征集归属的类可能会发生变化，同时，分类数目C是事先给定的，在聚类过程中不会变化。

对于 N 个特征集 x_n，C均值聚类法的执行过程如下。

① 选取C个聚类中心 $\boldsymbol{K}_c(j)$，其中，c 为类别序号，j 为迭代次数，初始值为1。一般情况下，第一次迭代之前，初始聚类中心从 N 个特征集 x_n 中选取，分别设为 $\boldsymbol{K}_1(1)$，$\boldsymbol{K}_2(1)$，…，$\boldsymbol{K}_c(1)$，可见，$\boldsymbol{K}_c(j)$ 与特征集的表达形式完全相同；

② 按与聚类中心距离最小原则，对每个特征集进行归类，即计算特征集 x_n 与各聚类中心 $\boldsymbol{K}_c(j)$ 的距离 $D_{n,c}$，将 x_n 归为 $D_{n,c}$ 值最小时对应的类，其中，距离 $D_{n,c}$ 的类型可根据实际情况进行选择；

③ 第②步之后所有特征集被分割为 C 个类，设第 c 个类中特征集数量为 N_c，类内特征集表示为 x_{cp}，$p=1$，…，N_c，计算每个类的聚类中心 $\boldsymbol{K}_c(j+1)$，即

$$\boldsymbol{K}_c(j+1)=\frac{1}{N_c}\sum_{p=1}^{N_c}x_{cp} \tag{5.61}$$

然后，与上一次迭代中得到的聚类中心进行对比，若对于任意 c，都满足 $\boldsymbol{K}_c(j+1)=\boldsymbol{K}_c(j)$，则说明已获得稳定的聚类，或已无法使任何一个特征集的归类发生变化，从而结束迭代，否则，返回第②步。

以上便是 C 均值聚类法的基本实现过程，其主要特点是，在第②执行过程中，特征集的归类可能发生变化，从而有助于实现最优的聚类效果，同时，该方法中的重要指标是聚类中心使用类内特征集的平均值，这也是该方法命名的由来。

作为示例，表5.3为平面内20个点的坐标值，图5.8为点的分布情况，使用 C 均值聚类法进行聚类处理。

表5.3　平面内点的坐标值

x	0	−17	−8	−11	−20	5	0	10	−7	−2
y	−2	−2	−9	−5	9	0	−7	−1	13	−5
x	−2	−11	16	−12	−1	−13	−14	3	−1	−4
y	−8	25	3	−8	7	−23	3	4	1	8

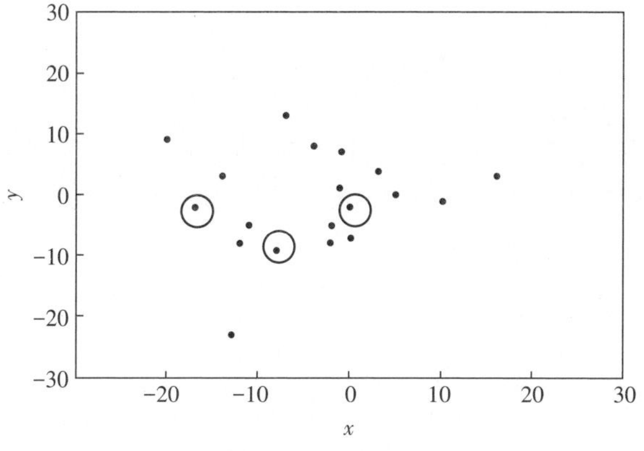

图5.8　20个点的分布情况和初始聚类中心

首先，令 $C=3$，即将20个点分为3类。初始聚类中心已在图5.8中圈出，设定为表5.3中的前3个点，即

$$\boldsymbol{K}_1(1)=(0,\ -2)$$

$$\boldsymbol{K}_2(1)=(-17,\ -2)$$

$$\boldsymbol{K}_3(1)=(-8,\ -9)$$

继而，计算各点与3个聚类中心之间的欧氏距离，如对于表5.3中的第11个点（-2，-8），与3个聚类中心的距离分别为

$$D_{11,1}=6.32$$

$$D_{11,2}=16.15$$

$$D_{11,3}=6.08$$

所以，将该点与（-8，-9）归为一类。对所有点进行处理之后，得到的聚类结果如图5.9所示。之后，计算各类的类内均值向量，结果分别为

$$\boldsymbol{K}_1(2)=(1.73,\ 1.91)$$

$$\boldsymbol{K}_2(2)=(-15.5,\ 8.75)$$

$$\boldsymbol{K}_3(2)=(-9.2,\ -10.6)$$

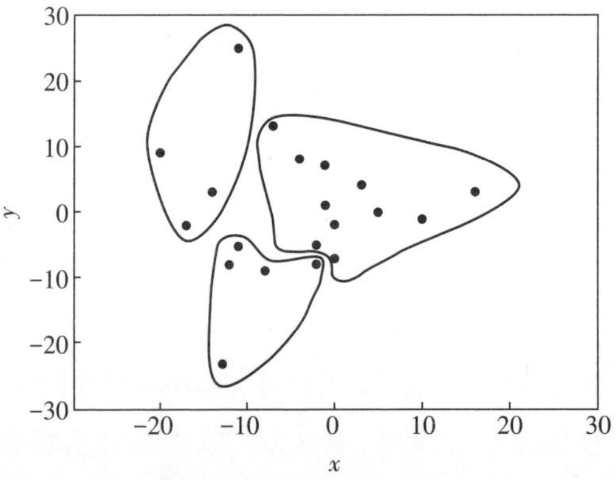

图5.9 第一次聚类结果

由于聚类后的类内均值向量与初始聚类中心不相等，所以，将各均值向量作为聚类中心，进行第二次聚类，得到的结果如图5.10所示，可见，图中箭头所指的点的归类产生了变化，其他点则未变化。

计算第二次聚类结果的类内均值向量，结果分别为

$$\boldsymbol{K}_1(3)=(2.6,\ 0.8)$$

$$\boldsymbol{K}_2(3)=(-13.8,\ 9.6)$$

$$\boldsymbol{K}_3(3)=(-9.2,\ -10.6)$$

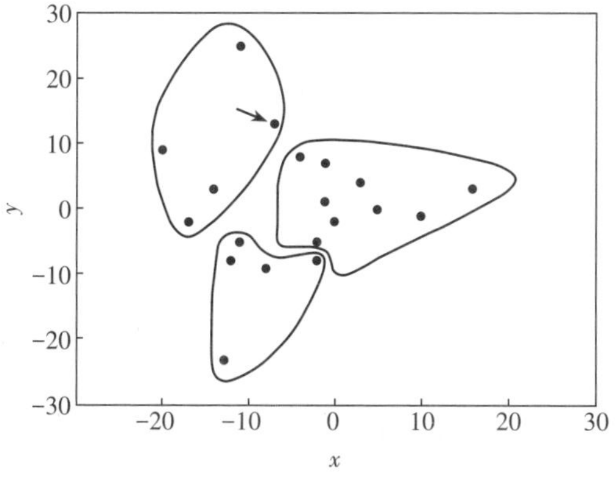

图5.10　第二次聚类结果

由于 $\boldsymbol{K}_1(3) \neq \boldsymbol{K}_1(2)$ 且 $\boldsymbol{K}_2(3) \neq \boldsymbol{K}_2(2)$，所以需继续迭代，共迭代4次后，均值向量不再变化，稳定在

$$\boldsymbol{K}_1(3) = (2.6,\ 0.8)$$

$$\boldsymbol{K}_2(3) = (-13,\ 12.5)$$

$$\boldsymbol{K}_3(3) = (-10.5,\ -9.17)$$

最终的聚类结果如图5.11所示，可见，与之前的聚类结果没有较大的变化，但存在两类边界间点的迁移。

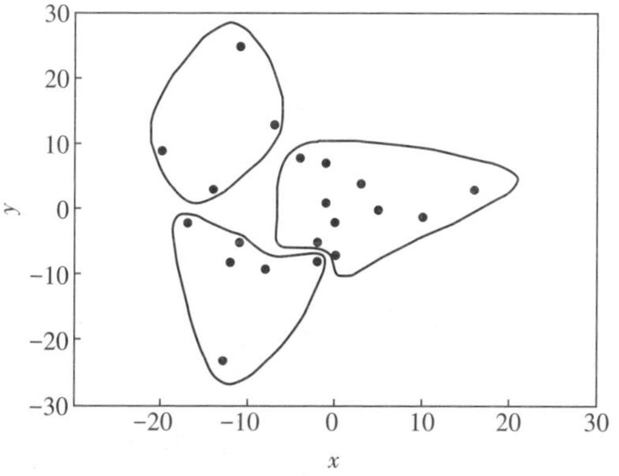

图5.11　最终聚类结果

当然，如果改变初始聚类中心，聚类结果可能完全不同。比如，若将初始聚类中心设为

$$\boldsymbol{K}_1(1) = (-13,\ -23)$$

$$\boldsymbol{K}_2(1) = (-14,\ 3)$$

$$\boldsymbol{K}_3(1) = (3,\ 4)$$

则聚类结果变为图 5.12 中的情况，而且 $\boldsymbol{K}_1(1)$ 最终成为一个孤立点，未与任何点成为一类。所以，在 C 均值聚类法中，初始聚类中心的选择十分重要，随机选取的结果虽然具有数学上的合理性，但往往难以达到物理意义上的有效性。因此，在进行聚类之前，有必要根据数据对应的物理现象慎重选取初始聚类中心。

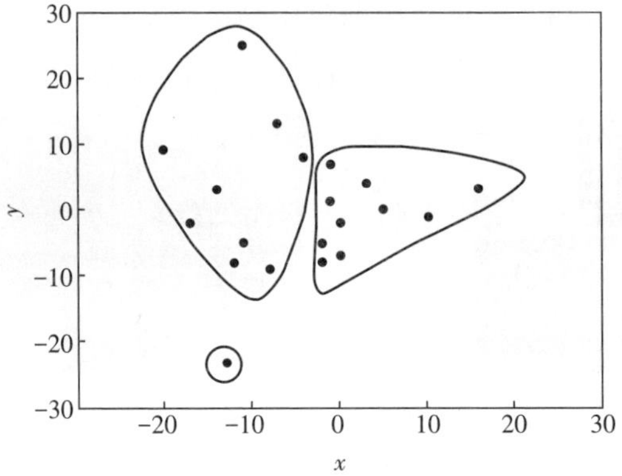

图 5.12　改变初始聚类中心的聚类结果

第6章　常见故障的特征信息与提取方法

6.1　设备状态与特征

6.1.1　关于设备状态

机械设备种类繁多，运动机构与结构形式灵活多样，操作与控制方法也不尽相同，所以，在监测和判断设备状态之前，应首先细致了解其机械结构、运动参数、操作方法和工况特点等多方面情况，尤其是明确设备各种异常状态所对应的信息特征，从而有助于提高状态判断的准确性，也便于根据当前信息反向推断设备具体状态或故障原因。另外，一些典型零部件会普遍存在于各种设备中，如轴、齿轮、轴承等，这些零部件多与传动和运动有关，在设备中发挥重要作用，也易发生疲劳失效等问题，如果明确这些典型零部件在不同故障下的特征，则有助于解决多数设备中多数故障的诊断问题。

虽然机械设备可能出现的异常状态和故障种类众多，很难一一研究各自特征，但可以提炼出很多共性特征，如零部件间的冲击碰撞、振动幅值变大、谐波成分增多、颤振等。从这个角度看，如果能够从信号中发现并提取相关信息，也可以为明确设备状态提供重要参考依据。

当然，随着设备的不断使用，磨损会逐步增大，很多信息也会随之产生变化，此时，即使不能根据各种信息直接判断具体故障，也可以评价设备的磨损和老化情况，为后续的设备维护和使用提供指导，这无论在技术层面还是经济层面都具有很好的实际意义。

6.1.2　故障特征分析

对于一种具体的机械故障，通常需进行故障机理分析，其目的是获得能够用于实际诊断的故障特征，而且该特征相对于故障程度、故障参数、设备工况应具有较好的稳定性或明确的关联关系。在工程实际中，常会根据设备的振动信号分析结果进行状态和故障的判断，所以，目前使用的故障特征多是设备的振动特征，动力学分析则是故障机理研究中的常用手段。

机械设备是一种动力学系统，无论是整机还是局部都可以建立起与之对应的动力学模型，所谓故障特征便是模型响应特征，这种特征应具有明确的指向性，即根据特征能够较为准确地判断故障类型。因为动力学系统的要素包括质量、刚度、阻尼和激励，而故障会导致这四种要素产生变化，所以，在不同故障下，这四种要素的特点便是故障特征分析的基础。因此，分析故障特征的出发点便是分析这四种要素的变化特点。

故障对设备动力学系统的影响主要表现在两个方面：一是改变了激励；二是改变了动力学参数（质量、刚度或阻尼），简单的情况是改变了参数的数值，而绝大多数故障是导致了参数的时变性，或改变了参数的时变特征。时变的参数本身便是系统的一种内部激励（可称为参数激励），比如，常见的螺栓松动会减小连接刚度，当松动严重时，连接刚度会表现出明显的时变性，从而被连接件的振动特性会产生变化。另外，由于刚度可以实测，便于量化，而阻尼的准确测试和建模都存在一定难度，所以，在讨论故障特征时，通常以刚度值和刚度的时变性为主。

当故障导致激励变化时，如不平衡会导致偏心力增大，对于接近线性的设备来说，激励作用下的响应特征便是故障特征。故障动力学参数时变性的改变，主要包括两种情况：第一种情况，参数时变性是平稳的，对于周期运动的零部件，参数时变也是周期的，但多数不是正弦变化，傅里叶级数展开后会出现高次谐波，这是绝大多数故障的信号频谱中会出现多次倍频成分的原因；第二种情况则是瞬态的，即只在某些时刻或零部件位置处出现参数值的改变，如果故障零部件做周期运动，则信号频谱中同样会存在多次倍频成分，但是，这种多次倍频的成因与第一种情况完全不同，同时，参数瞬变相当于对设备施加了一脉冲激励，所以，信号频谱（或频谱包络）中还会存在共振峰成分。

6.2 典型零部件故障特征

6.2.1 轴系常见故障

转轴是机械设备的核心传动与承载部件，在转轴上通常会安装有键、轴套、齿轮等零件，且一同旋转，所以，可以将转轴及其上的零件视为一体，分析其故障特点。目前，常见的轴系故障包括不平衡、不对中、转轴裂纹等，每种故障都会使振动异常，影响设备运行的平稳性，也都需要在设备装配和使用过程中加以防范。

（1）不平衡

轴系故障最常见的便是不平衡。虽然在设备装配之前，轴系都会进行严格的平衡处理，但长期使用后，很多因素都会导致轴系出现不平衡，常见原因包括灰尘和油污积聚、局部损伤和转轴弯曲。比如，风机叶片由于暴露在空气中，其表面会不断堆积灰尘，从而导致不平衡，当这种不平衡达到一定程度后，轻则导致振动幅值变大，重则导致叶片甚至转轴断裂。所以，对于轴系的平衡状态，应重点关注并定期检测，尤其是对于高速和超高速旋转的轴系，有必要进行实时监测。

不平衡包括静不平衡、偶不平衡和动不平衡，而无论哪种不平衡，都会产生作用于轴系的不平衡力。一般情况下，不平衡力的大小不变，但方向会随转轴旋转在0～360°范围内循环变化，所以，不平衡力在某一个固定方向的分力会进行正弦变化。如果在轴系一端的轴承座处安装加速度传感器，则会测试得到一正弦信号，其频率与转轴旋转频率相等。同时，由于不平衡力与转轴转速的平方成正比，所以，测得的正弦信号幅值会随转速同步变化。因此，不平衡诊断的核心依据便是信号频谱中出现与旋转频率相等、幅值随旋转频率升高而升高的离散谱线，根据这一特点，在设备启动或停止过程中进行振动信号的测试，可以有效保障判断结果的准确性。

（2）不对中

不对中故障包括两类：一类是通过联轴器连接的两个轴之间的不对中，有平行不对中、角度不对中和综合不对中；另一类则是一根轴两端的支承轴承不对中。除了加工与装配误差外，转轴弯曲也是不对中的一个主要原因。同时，无论哪种不对中，都会给轴系、轴承和联轴器带来附加作用力和弯矩，严重时会加剧设备振动，甚至导致轴承损坏。虽然挠性联轴器可以减小不对中的影响，但附加的负载仍会导致联轴器中弹性元件变形，并转化为施加于转轴的力和力矩。如图6.1所示。

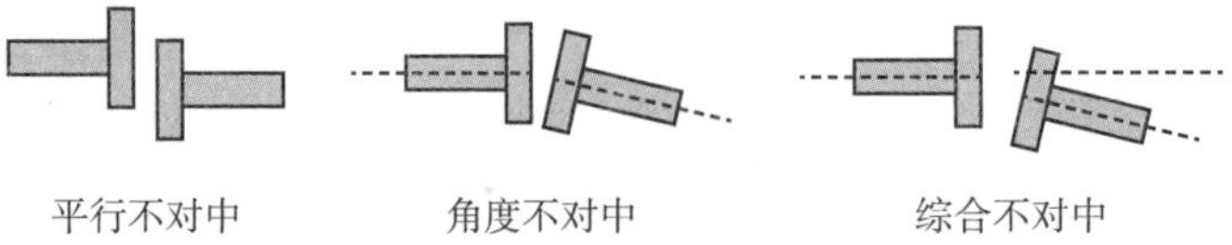

图6.1　联轴器不对中的三种情况

由于不对中导致的负载会随转轴的旋转而周期性变化，且负载并不一定是正弦变化的，所以，不对中诊断中主要以旋转频率的二倍频成分作为主要特征，尤其是二倍频成分的幅值应远大于其他倍频成分，同时，角度不对中和轴承不对中时，附加弯矩会导致转轴的轴向振动增大，所以，在测试时应同时检测轴端部的振动信号。

（3）转轴裂纹

由于设计不合理、加工不当、长时间运行等原因，转轴上可能出现疲劳裂纹。为防止裂纹扩展而导致生产事故，对裂纹故障应尽早发现并定期监测。转轴裂纹的示意图如图6.2所示，其中，为便于说明问题，裂纹截面图为夸张示意图。转轴在旋转时必然存在弯曲振动，这会使裂纹处于开闭交替状态，如图6.3所示。相对于无裂纹时的转轴弯曲刚度，当裂纹打开时，转轴的弯曲刚度会减小，而当裂纹闭合时，转轴的弯曲刚度则不会有明显变化，所以，裂纹会导致转轴弯曲刚度的时变性，且时变周期与旋转周期相同，但时变函数不是正弦函数，其原因在于裂纹两侧的接触面积与转轴弯曲刚度之间的关系不是线性的。所以，裂纹导致的转轴振动响应为旋转频率的高次倍频成分，二倍和三倍频会比较明显。另外，由于裂纹打开时的转轴弯曲刚度变小，会降低轴系的临界转速，而裂纹闭合时的转轴弯曲刚度接近不变，此时的刚度不会明显改变临界转速，所以，在小于原一阶临界转速的区间内，会出现新的临界转速值，这也是转轴裂纹故障的一个重要特征。

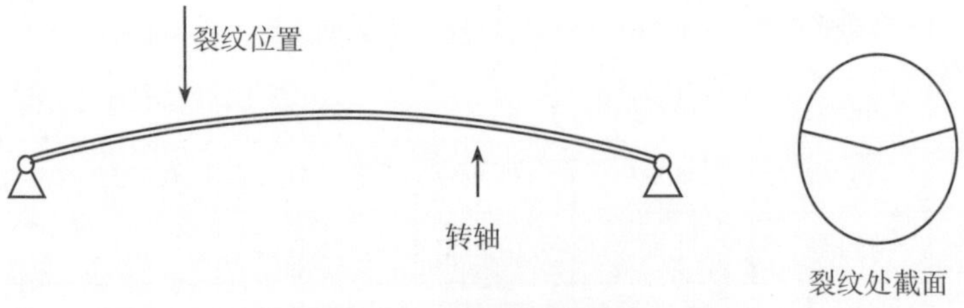

图6.2　转轴裂纹示意图

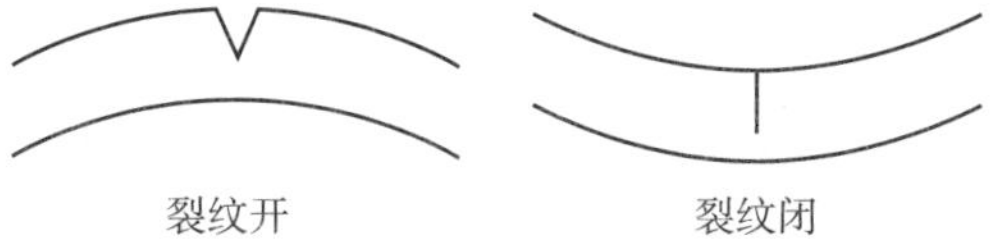

图6.3　裂纹开闭示意图

（4）零件碰摩

碰摩，即碰撞和摩擦。轴系上零部件产生的碰摩现象可分为两类：一类是轴系内零件间的碰撞摩擦，如键槽磨损后导致的键与键槽之间的碰摩、轴向预紧力不足导致的轴套或轴肩与滚动轴承内圈间的碰摩；另一类则是轴系内零件与轴系外零件间的碰摩，比较典型的是转轴上零件与箱体内壁间的碰摩。严格地说，零件间的碰摩不是一种故障，而是其他故障的一种外在表现，比如转轴不平衡或弯曲后，径向振动幅值增大，当故障恶化到一定程度时，轴上零件与箱体内壁间便可能产生碰摩。

零件间的碰摩可以表达为图6.4所示的动力学模型。在无故障时，质量块m_1和m_2之间不存在碰摩，出现故障后，两者会出现短暂的接触和分离，这个过程中会产生碰撞和摩擦，刚度k_2为m_1和m_2碰摩时的接触刚度。显然，根据m_1与k_2是否接触，图6.4中所示系统的刚度矩阵会有两种情况，m_1与k_2接触和脱离瞬间都会使刚度矩阵的内容转换，这便是故障对动力学参数时变性的改变。同时，m_1与k_2接触或脱离瞬间，系统很可能受到一冲击作用，从而产生一衰减振动，值得注意的是，该衰减振动近似于系统的脉冲响应函数，能够反映出两碰摩零件的很多动力学参数特征。

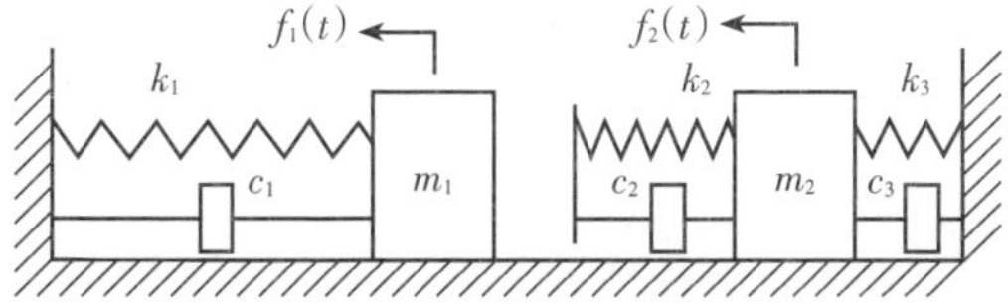

图6.4　碰摩动力学模型

所以，从诊断的角度看，碰摩故障的本质特征便是在冲击力作用下的衰减振动，且该振动的时频域特点由系统参数决定。尤其是在碰摩脱离接触瞬间的衰减振动，若m_1和m_2所在子系统的动力学参数不一致，则衰减振动也不会相同，这意味着在实际测试时，可根据测得的衰减振动（即冲击响应）信号成分判断发生碰摩的零件。

6.2.2 齿轮故障

齿轮的应用极其广泛，负责运动和动力的传递，其故障主要集中于轮齿部位，常见的有齿面磨损、点蚀、剥落、断齿等，原因与加工误差、超载、润滑不良等多种因素有关。即使齿轮系统没有故障，其动力学参数也是时变的。如图6.5所示，两个轮齿的啮合过程中，接触点的位置是不断变化的，主动轮轮齿的接触点从齿根向齿顶移动，从动轮则相反。对于同样的啮合力，当接触位置不同时，轮齿的变形是不同的，意味着轮齿的刚度随接触点的变化而变化，称这种刚度为啮合刚度。同时，齿轮旋转时，参与啮合的轮齿数目也是变化的，这也是导致啮合刚度变化的一个原因。显然，啮合刚度的变化周期与一次啮合的时间是相同的。另外，影响齿轮振动的还有正常的传动误差和节线冲击，其中，节线冲击是渐开线齿轮固有的现象，指接触点通过节线时，两齿面间的滑动摩擦力方向会发生改变，从而对齿轮系统产生冲击作用，其出现的周期仍与啮合周期相等。

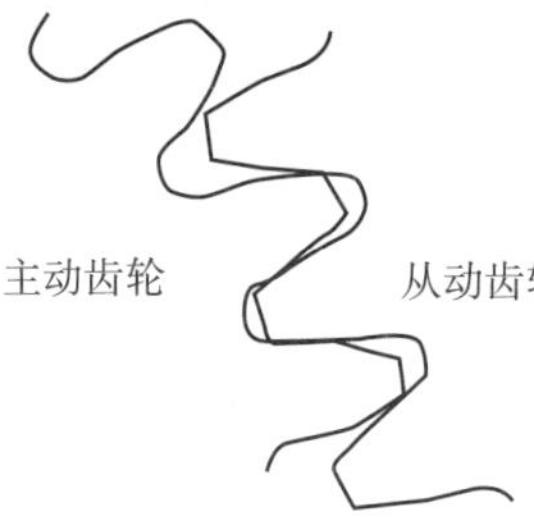

图6.5 轮齿啮合示意图

根据上述分析，可设齿轮的旋转频率为 f_r，齿数为 z，则啮合频率为 $f_m = zf_r$，由于啮合刚度的变化频率与啮合频率相等，设啮合刚度为 $k_m(t)$，如果将其展开为傅里叶级数，基频便为 f_m，即

$$k_m(t) = k_0 + \sum_{i=1}^{\infty} A_i \cos(2\pi i f_m t + \varphi_i) \tag{6.1}$$

所以，正常齿轮系统的振动信号中至少会存在频率为 f_m 的谐波成分，同时，齿轮的不平衡是难免的，会使齿轮整体进行频率为 f_r 的径向简谐振动，这两种振动成分以相乘的方式混合，最终的振动信号可表达为

$$z(t) = a + b\cos(2\pi f_r t)\cos 2\pi f_m t \tag{6.2}$$

式（6.2）可以形容为信号 $\cos 2\pi f_m t$ 的幅值被信号 $a + b\cos 2\pi f_r t$ 调节，称为幅值调制，简称调幅，高频部分为载波信号，低频部分为调制信号，典型波形如图6.6所示。齿轮振动信号的幅值调制程度与齿轮的不平衡、轴系不平衡、转轴弯曲等因素有关，即参数 b 的大小。在第4章中提到，在 $z(t)$ 的频谱中，频率 f_m 和 $f_m \pm f_r$ 处会存在谱线，而当调制信号不是简单谐波时，还会在 $f_m \pm i\cdot f_r$

处存在谱线，其中，i为正整数，称这些谱线为边频带，可见，边频带中最重要的信息是f_m与$f_m \pm f_r$之间的频率间隔，即齿轮轴旋转频率f_r。时域的调幅和频域的边频带在故障齿轮或齿轮轴定位中具有较好的指示作用，齿轮传动系统中会有多个齿轮和齿轮轴，可以在信号中提取调幅信号成分，即式（6.2）等号右侧的第一部分，继而可根据该成分的频率判断出现故障的齿轮轴，或直接根据边频带的带宽定位故障齿轮轴。

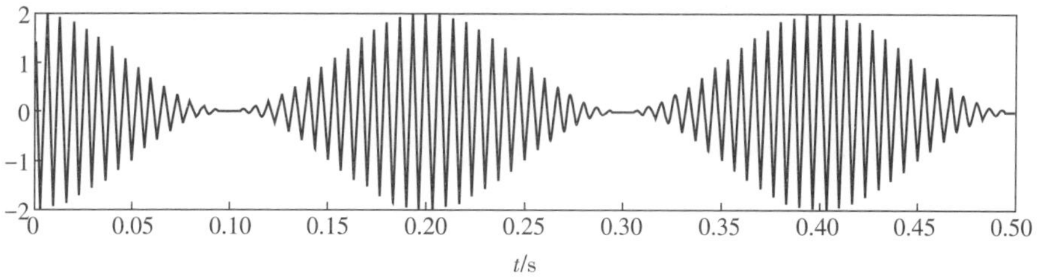

图6.6 调幅信号

当然，调幅与边频带适用于与齿轮轴旋转有关的故障分析，但对于轮齿故障还需引入其他信息。轮齿故障具有很强的局部性，比如表面剥落、断齿等，只有当故障轮齿参与啮合时才会影响齿轮振动。如果只有一个轮齿存在故障，则其出现的频率为齿轮轴旋转频率；如果是多齿故障，则需根据出现的时间间隔判断故障齿轮。同时，虽然轮齿故障种类较多，但都会对啮合刚度的时变特征产生影响，当两啮合轮齿的接触点经过故障部位时，啮合刚度会出现瞬变，从而对齿轮系统产生一冲击作用，所以，轮齿故障的振动信号中通常会存在冲击响应成分，由于不同故障对轮齿物理特性的影响不尽相同，所以诱发的冲击响应的特征也会有所区别。

6.2.3 滚动轴承故障

（1）运动分析

在机械设备中，轴承负责支承转轴，主要包括滚动轴承和滑动轴承两种，其中，滚动轴承的应用更为普遍。虽然滚动轴承的形式很多，比如深沟球轴承、圆柱滚子轴承等，但其在结构方面基本一致，包括内圈、外圈、滚动体和保持架四个部分。

滚动轴承工作时，四个部分的转速各不相同，且相互间存在密切关系。如图6.7所示，轴承节圆直径为D，内圈和外圈滚道直径分别为D_o和D_i，接触角为α，设滚动体直径为d，数目为n_b，外圈和内圈的角速度为ω_o和ω_i，且

$\omega_o \neq \omega_i$，滚动体自转角速度为 ω_b，公转角速度为 ω_c，则保持架的角速度也为 ω_c，假设滚动体与内外圈之间只有纯滚动，没有滑动，便可以分析各部分的运动情况。

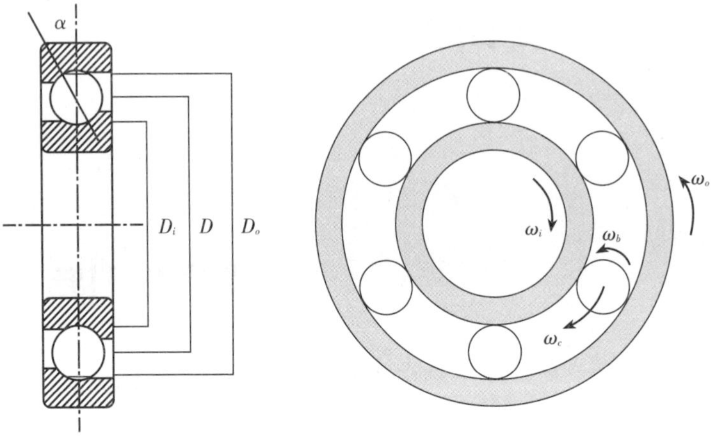

图6.7　滚动轴承运动学参数示意图

由图6.7可知，内外圈滚道直径与节圆直径间的关系为

$$D_i = D - d\cos\alpha \tag{6.3}$$

$$D_o = D + d\cos\alpha \tag{6.4}$$

则内圈和外圈上与滚动体的接触点的切向速度 v_i 和 v_o 为

$$v_i = \frac{1}{2}D_i\omega_i = \frac{1}{2}(D - d\cos\alpha)\omega_i \tag{6.5}$$

$$v_o = \frac{1}{2}D_o\omega_o = \frac{1}{2}(D + d\cos\alpha)\omega_o \tag{6.6}$$

由于滚动体质心的切向速度为

$$v_c = \frac{v_i + v_o}{2} \tag{6.7}$$

所以滚动体的公转角速度 ω_c，也是保持架自转角速度 ω_c，为

$$\omega_c = 2\frac{v_c}{D} = \frac{1}{2}\left(1 - \frac{d}{D}\cos\alpha\right)\omega_i + \frac{1}{2}\left(1 + \frac{d}{D}\cos\alpha\right)\omega_o \tag{6.8}$$

将式（6.8）等号两侧同时除以 2π，可得频率表达式：

$$f_c = \frac{1}{2}\left(1 - \frac{d}{D}\cos\alpha\right)f_i + \frac{1}{2}\left(1 + \frac{d}{D}\cos\alpha\right)f_o \tag{6.9}$$

式中，f_c，f_i，f_o 为保持架、内圈、外圈的旋转频率。使用频率表达运动，物理意义清晰明了，更便于与频谱分析结果相对应。

由保持架旋转频率公式可知，保持架、内圈和外圈之间都存在相对运动，

其中，内圈与保持架之间的相对运动频率为

$$
\begin{aligned}
f_{ri} &= f_i - f_c \\
&= \frac{1}{2}\left(1 + \frac{d}{D}\cos\alpha\right)(f_i - f_o)
\end{aligned}
\tag{6.10}
$$

f_{ri} 可以理解为内圈上一固定点通过一指定滚动体的频率，当滚动体均布时，不具体指定某一滚动体，则内圈通过滚动体的频率 f_{bi} 为

$$
f_{bi} = n_b f_{ri} \tag{6.11}
$$

通常也称 f_{bi} 为滚动体通过内圈的频率。

同理，外圈相对于保持架的旋转频率为

$$
\begin{aligned}
f_{ro} &= f_o - f_c \\
&= \frac{1}{2}\left(1 - \frac{d}{D}\cos\alpha\right)(f_o - f_i)
\end{aligned}
\tag{6.12}
$$

则滚动体通过外圈的频率 f_{bo} 为

$$
f_{bo} = n_b f_{ro} \tag{6.13}
$$

对于滚动体自转速度，由于滚动体与保持架一起运动，且在内圈上做纯滚动，即滚动体与内圈接触点处的线速度相等，所以，可首先计算保持架相对于内圈的旋转频率，即

$$
\bar{f}_{ri} = f_c - f_i \tag{6.14}
$$

由保持架旋转频率计算式可知，$\bar{f}_{ri}$ 为负数，可以理解为保持架相对于内圈反方向旋转，根据线速度相等，有

$$
\bar{f}_{ri} D_i = f_b d \tag{6.15}
$$

可得滚动体自转频率为

$$
\begin{aligned}
f_b &= \bar{f}_{ri}\frac{D_i}{d} \\
&= \frac{1}{2}\left(1 + \frac{d}{D}\cos\alpha\right)(f_o - f_i)\frac{D - d\cos\alpha}{d} \\
&= \frac{1}{2}(f_o - f_i)\frac{D}{d}\left[1 - \left(\frac{d}{D}\cos\alpha\right)^2\right]
\end{aligned}
\tag{6.16}
$$

在多数设备中，滚动轴承的外圈是固定的，即 $f_o = 0$，则以上各种频率的表达式可以得到简化。

（2）故障特征频率

经过长期使用，滚动轴承必然会失效，内圈、外圈、滚动体和保持架都可能发生故障，而且故障多具有局部性特点，如点蚀、局部剥落、裂纹等。如图

6.8所示，A和B分别为外圈和内圈失效，滚道表面出现凹坑，C是滚动体缺陷，无论故障发生在哪个部位，当缺陷参与接触时，滚动体与内圈或外圈间的接触刚度便可能发生突变，尤其在轴承承载区内，刚度突变发生的概率更大，所以，滚动轴承故障的主要特征便是振动信号中存在大量的冲击响应成分，问题则是不同故障引发的冲击响应成分的出现频率是多少。

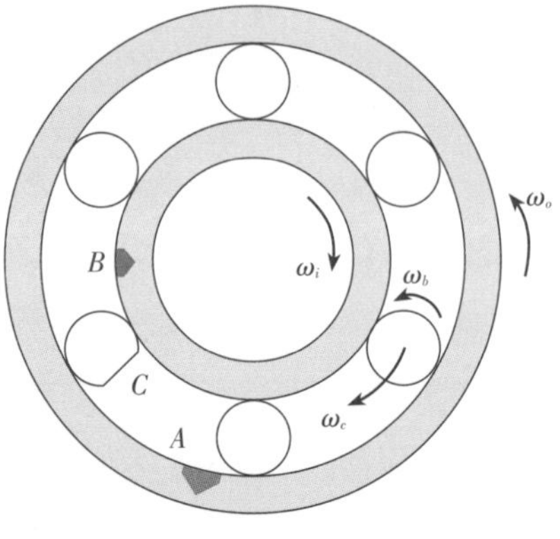

图6.8　内圈、外圈和滚动体失效示意图

对于外圈缺陷，每一个滚动体通过缺陷时，滚动体和外圈间的接触刚度会发生突变，所以，存在外圈缺陷时，冲击响应的出现频率便是滚动体通过外圈的频率 f_{bo}。同理，内圈缺陷时，对应的频率为 f_{bi}。滚动体出现缺陷时，由于自转一周会与内圈和外圈各接触一次，所以其频率为 $2f_b$。很多时候，滚动体缺陷自转一周的过程中，不会与内外圈都产生接触，所以，也经常直接取为 f_b。另外，如果保持架出现故障，则会诱发出现频率为 f_c 的冲击响应成分（如保持架断裂），或出现周期为 $1/f_c$ 的平稳周期信号（如保持架不平衡、变形等）。所以，在轴承诊断中，一种普遍的思路是，首先提取信号中的冲击响应成分，继而获得该成分的出现频率，同时，根据被测轴承参数和各种转速计算 f_{bo}，f_{bi}，f_c 等频率值，与冲击响应成分的出现频率最接近的那个频率值对应的轴承部位，便很可能发生了故障。虽然目前的滚动轴承振动信号处理方法十分丰富，但绝大多数都基于上述思路，冲击响应成分提取及其出现频率的计算均是其中的两个核心问题。

由于具体的特征频率值与内外圈转速有关，所以，便于统一化，常以特征频率与内圈旋转频率（即转轴旋转频率）的比值作为轴承故障的诊断依据，工程中习惯称该比值为特征频率，当外圈固定时，将频率值取为正值，各部件的故障特征频率分别为

外圈：

$$BPFO=\frac{1}{2}n_b\left(1-\frac{d}{D}\cos\alpha\right) \tag{6.17}$$

内圈：

$$BPFI = \frac{1}{2} n_b \left(1 + \frac{d}{D} \cos\alpha\right) \tag{6.18}$$

保持架：

$$FTF = \frac{1}{2} \left(1 - \frac{d}{D} \cos\alpha\right) \tag{6.19}$$

滚动体：

$$BSF = \frac{1}{2} \frac{D}{d} \left[1 - \left(\frac{d}{D} \cos\alpha\right)^2\right] \tag{6.20}$$

可见，以上各种特征频率只与轴承结构参数有关，便于计算。同时，保持架的特征频率最低，小于转轴旋转频率，外圈特征频率则是保持架的 n_b 倍，外圈与内圈特征频率之和是滚动体数目 n_b。

当然，基于特征频率的轴承诊断方法也存在一定的局限性，主要表现在以下几个方面：

① 当滚动体不做纯滚动，而是存在滑移时，滚动体缺陷与内外圈接触的频率会产生变化，则其实际的特征频率也会改变，这会给诊断带来一定的困扰；

② 对于早期故障，冲击响应成分会很微弱，提取难度较大，从而无法获得准确的冲击频率；

③ 对于故障滚动体，缺陷能否与内外圈接触具有一定的随机性，尤其在承载区之外时，随机性会增强，这就会严重影响冲击响应出现频率的计算，同时，产生接触时诱发的冲击响应成分往往不够显著，会增加信号处理的难度；

④ 当轴承非匀速旋转或非整周旋转时，如连杆机构、机械臂等关节内的轴承，计算冲击出现频率的难度会较大，甚至无法获得，这会使特征频率方法失效；

⑤ 对于连续大面积不规则缺陷，如滚道表面大面积剥落，振动信号中的冲击响应成分会比较密集，或不存在典型的冲击响应成分，这都会给后期分析带来困难。

所以，在滚动轴承的诊断中，有必要引入其他信息，或不拘泥于特征频率，扩展分析计算手段。

6.2.4 滑动轴承故障

相对于滚动轴承，滑动轴承具有精度高、减振性好、承载能力强等特点，尤其是使用液体润滑时，其优越性会更为明显，在汽轮机、内燃机、轧钢机、大型天文望远镜等设备中被广泛使用。由于在启动、超载等情况下，轴承和轴颈难免会产生摩擦，或因为转轴的不对中、不平衡等，长期使用后，滑动轴承会出现异常磨损、表面胶合、腐蚀、疲劳等问题。同时，供油系统故障和润滑油质量也是导致轴承故障的重要原因，润滑油中混有杂质或铁屑磨粒时，会导致轴承刮伤等失效现象。另外，若轴承间隙过小或存在局部摩擦，热量无法在短时间内被润滑油带走，轴承和油温会升高；当然，供油系统故障也可能造成油温升高。

根据滑动轴承常见故障的特点，在状态监测时，除了采集振动信号外，还需进行温度检测和铁谱分析。其中，温度检测一般会测试轴承温度和润滑油油温，若温度升高，则说明轴承状态出现变化，这是一种简便易行的实用方法。铁谱分析则首先从润滑油中取样，继而利用相关仪器分析油液中金属颗粒的尺寸、形态、颜色、密度、元素类型等指标，根据分析结果，可以对磨损程度、失效类型和部位做出推断。当然，这两种方法不只使用于滑动轴承，在滚动轴承、齿轮系统等零部件监测中也常被使用。

对于采用液体润滑的滑动轴承，轴承和轴颈间的油膜是影响转轴振动的一个重要因素。在轴承—轴—油膜构成的动力学系统中，油膜具有刚度属性，为转轴提供了支撑刚度，但油膜是各向异性的，在每个方向上的刚度值不同，而且随着轴的旋转，润滑油是流动的，局部油膜的厚度会产生变化，从而非线性特点十分明显，尤其在动压滑动轴承中，油膜的影响十分显著。

由于轴颈和轴承中间存在空隙，轴颈便具有了一定的活动空间，如图6.9所示，在轴颈以角速度 ω 自转的同时，还存在轴颈中心 O_1 围绕轴承中心 O 的旋转运动，角速度为Ω，称这种运动为进动，进动方向与轴承和转轴状态有关，与自转方向相同的为正进动，相反的则为反进动，在进动过程中形成的轨迹称为轴心轨迹。轴心轨迹的优势非常突出，不同故障下的轴心轨迹形状具有明显区别，且相同故障下的轴心轨迹形状又会有较强的稳定性和统一性，是一种十分实用的设备信息。为获取轴心轨迹，如图6.10所示，通常在转轴径向的两个垂直方向各安装一个电涡流位移传感器，然后将两路信号$x(t)$和$y(t)$在$x-y$坐标系中拟合出轴心轨迹，根据测试原理，在采集两路信号时应保证时间的同步性，即确保两路信号中同一时刻的数值应是同步得到的，若同步误差较大，则难以获得真实的轴心轨迹。

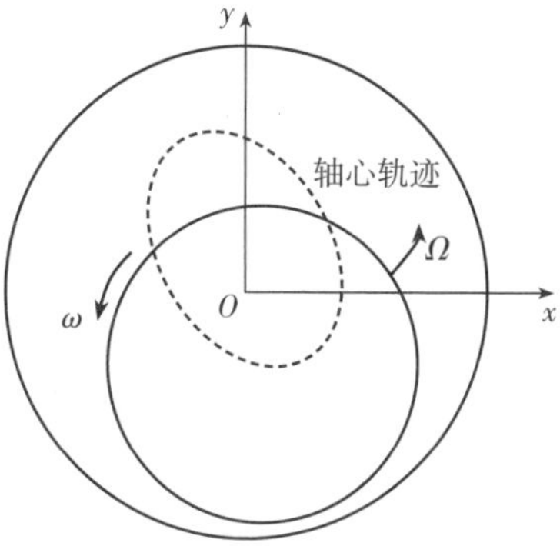

图6.9　进动与轴心轨迹

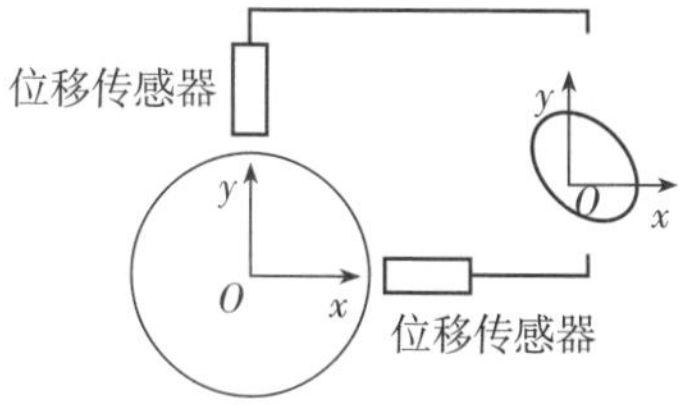

图6.10　轴心轨迹测试原理

在流体动压轴承中，一种典型故障是油膜涡动。如图6.11所示，正常情况下，在负载的作用下，轴颈中心会偏离轴承中心，处于平衡位置。若转轴受到某种外部扰动，轴颈会偏离平衡位置。随着转轴的旋转，油液进入收敛楔，由于间隙逐渐变小，油压会升高，而在发散楔内，间隙由小变大，油压会降低，所以，油膜对轴颈的作用力F会偏离竖直方向，将F向x和y两方向分解，F_y为油膜对轴的支撑力，而F_x则会使轴颈横向运动，但运动后又会增高发散楔内的油膜压力，从而使F_x出现波动，最终会使转轴颈在轴承内运动，称为涡动。如果轴颈能够快速回到原平衡位置，则系统是安全的，否则，轴颈中心会围绕轴承中心旋转，频率接近但小于转轴自转频率的一半，称为油膜涡动或半速涡动。一旦发生油膜涡动，转轴振幅会变大，而且在一阶临界转速的两倍或以上处，会发生油膜震荡，转轴发生剧烈振动，振动频率接近一阶固有频率，属于一种自激振动，对设备危害很大，需及时发现和解决。

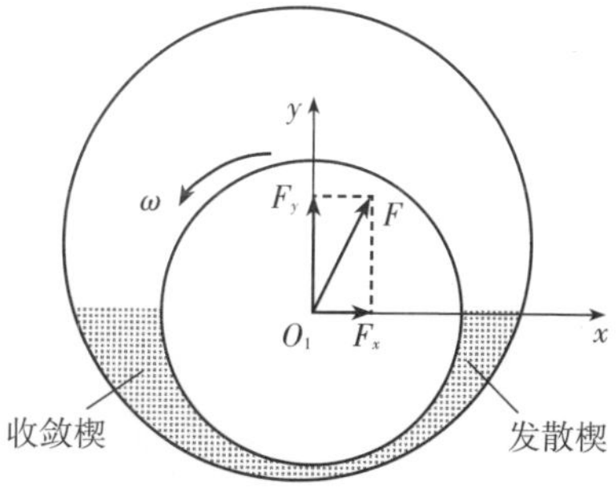

图6.11　油膜涡动原理

6.2.5　螺栓松动

螺栓连接是一种十分普遍的零部件连接形式。由于设备振动、螺栓拧紧施工不当、螺栓自身的制造误差、现场环境等诸多原因，螺栓可能出现松动，松动后如不及时纠正，最终会导致螺栓断裂，一些重大设备事故的直接原因便是螺栓松动后的断裂。所以，检查螺栓是否松动是设备维护中一项基本又重要的工作。

目前，通常认为螺栓松动的原因包括两个方面：一方面是螺栓的变形、蠕变和弛豫；另一方面，在螺栓连接部位振动时，螺纹副接触表面会产生相对滑动，长期的振动则会导致螺栓松动。螺栓松动后，一般会表现出温度、振动和噪声异常，或者在外部激励下的响应出现变化，如铁路巡道工便是通过用小锤敲打来检查铁轨接合部连接螺栓是否松动，但是，当操作人员能够感知到螺栓连接异常时，其已经松动到一定程度，所以，有必要使用一定的测试分析手段进行早期诊断。

总体上，检测螺栓松动可以利用以下几方面信息：① 螺栓松动必然导致螺栓预紧力降低，则可以同时检测螺栓或被连接件接触表面的应力信息，识别连接状态；② 螺栓松动后，螺纹副接触面间的碰撞和摩擦加剧，从而可以测试连接部位的声发射信息；③ 从动力学系统角度看，螺栓松动后，连接部位的动力学特性会出现变化，从而可以利用振动信号实现松动识别，当然，对于早期松动，振动信号并不会出现明显的变化。

6.3 瞬态信号提取方法

当故障导致零部件动力学参数突变时，会诱发瞬态信号，即冲击响应信号，其特点是信号幅值突然升高，并快速衰减。在轴系、齿轮和滚动轴承故障中，瞬态信号极为常见；在滑动轴承中，当轴颈与轴承产生摩擦碰撞时，也会出现瞬态信号。另外，如果设备振动中出现大量瞬态成分，便说明状态不良或出现故障。所以，瞬态信号的识别和提取是故障诊断中一项非常重要的工作，且具有一定的普遍适用性。但瞬态信号会和背景信号混杂在一起，在故障早期又往往较为微弱，很难直接观察到，即使使用专门的信号处理方法也无法保证获得很好的效果，所以，瞬态信号识别与提取是一项具有一定难度的工作。

如图6.12所示，瞬态信号不是在某一时刻的单点幅值突变，而是幅值突变后存在一衰减过程，同时，瞬态信号往往由零部件的冲击碰撞产生，所以，信号中会包含多个固有频率，则幅频谱中会存在多个共振峰，且幅频谱会覆盖较宽的频带，这是瞬态信号的时域和频域的主要特点。另外，从固有频率的角度看，如果能够准确提取瞬态信号成分，则可以根据其幅频谱判断信号源位置，实现故障的定位。

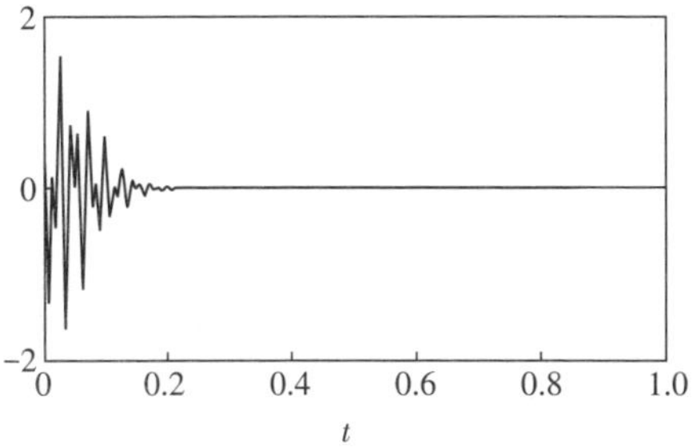

（a）瞬态信号波形

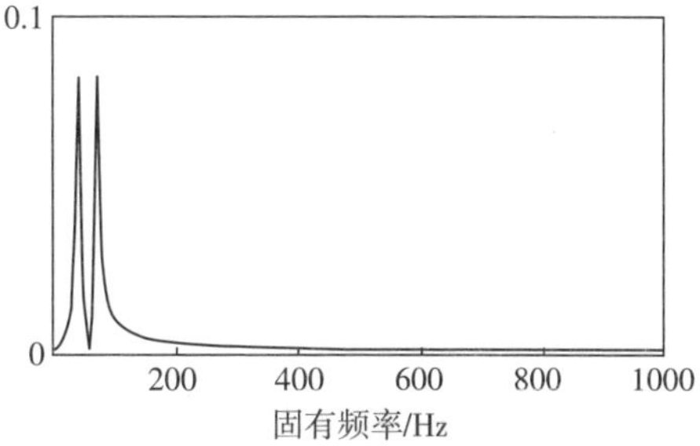

（b）瞬态信号幅频谱

图6.12　瞬态信号典型波形

6.3.1　谱峭度法

峭度可以反映信号中是否存在瞬态信号。当峭度指标大于3时，说明信号中存在幅值的突变。谱峭度法的基本思想便是根据信号在各个频段内分量或其包络的峭度值判断瞬态信号的有无。所以，谱峭度方法首先需对信号进行时频分解，得到各频带内的信号分量，常用的方法有短时傅里叶变换、小波变换和带通滤波。以短时傅里叶变换为例，信号 $x(t)$ 的短时傅里叶变换结果为

$$X(f,\ t)=\int_0^{+\infty} x(\tau)w(\tau-t)\mathrm{e}^{-\mathrm{j}2\pi f\tau}\mathrm{d}t \tag{6.21}$$

继而计算各频率下时间波形的峭度并减2，即

$$K(f)=\frac{S_4(f)}{S_2(f)^2}-2 \tag{6.22}$$

式（6.22）中，$S_n(f)=E\left[\left|X(f,\ t)\right|^n\right]$。可见，若 $K(f)>1$，则说明信号中频率 f 的分量中存在幅值突变现象，最终，可以将所有 $K(f)>1$ 的频段做傅里叶逆变换，从而得到瞬态信号波形。

谱峭度方法的计算效果与窗函数 $w(t)$ 的宽度关系密切。如果窗宽过小，则频率分辨率会较差；若窗宽过大，则在时窗的移动过程中，可能窗中一直存在瞬态信号，这会造成频率 f 对应的曲线 $\left|X(f,\ t)\right|$ 是平缓的，使最终得到的峭度 $K(f)$ 小于1，导致误判。所以，在计算谱峭度时，时窗宽度应进行优化，或多选取几种宽度进行对比。

6.3.2　极值点概率密度法

瞬态信号具有局部幅值突变性，在概率密度曲线中会出现图5.2所示的长

拖尾现象，但是，当瞬态信号被淹没在背景信号中时，这一现象也会消失。由于瞬态信号与背景信号所处频带不会完全相同，所以，可使用一组带通滤波器处理信号，并保证带通滤波器组能够覆盖二分之一采样频率内的所有频段，然后根据每个滤波器输出信号的概率密度曲线判断瞬态信号的有无。同时，滤波输出信号的概率密度曲线具有一定的连续性，不便于明确瞬态信号幅值对应的区间，如果只使用信号的正极值点，计算极值点幅值的概率密度，则属于瞬态成分的幅值范围会较为清晰，如图6.13所示。由图可见，极值点概率密度曲线由最大值处快速下降，之后会在瞬态成分幅值范围内出现若干个小幅值波动，且这些波动对应的信号幅值都与瞬态信号有关，可以根据这一特点判断是否存在瞬态信号。

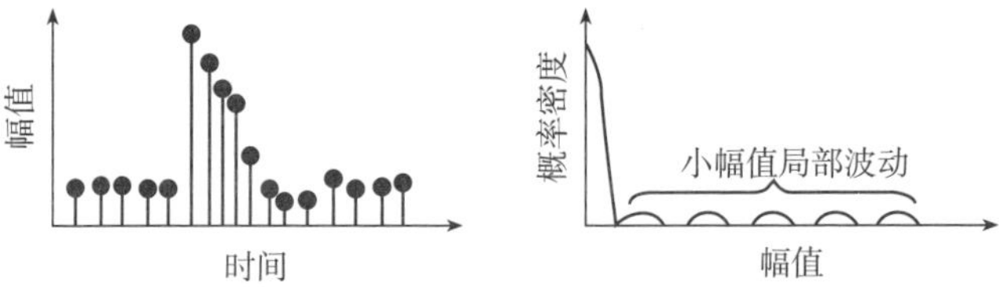

（a）正极值点示意图　（b）概率密度曲线特征

图6.13　含瞬态成分时信号正极值点幅值、概率密度曲线特征

使用M个带通滤波器，设为$h(m, t)$（$m=1, 2, \cdots, M$），各滤波器的中心频率为f_m，滤波结果为$y(m, t)$，取$y(m, t)$的正极值点，设为$y_1(m, t)$。计算极值点概率密度，设为$p(m, g)$，其中$g \in [\min\{y_1(m, t)\}, \max\{y_1(m, t)\}]$。如果存在瞬态信号，概率密度曲线会在达到最大值后快速下降，并在瞬态幅值范围内出现多个小幅值波动，则在概率密度导数的曲线中，会出现向上过零点。所以，计算$p(m, g)$的导数：

$$q(m, g)=\frac{\partial p(m, g)}{\partial g} \tag{6.23}$$

设$q(m, g)$中的向上过零点对应的横坐标为g_m，从g_m开始，之后的幅值便都与瞬态信号有关。另外，由于瞬态信号是一种小概率事件，所以$p(m, g)$和$q(m, g)$中瞬态信号幅值对应的值所占比例会很小，因此，计算比值：

$$\eta_q=\frac{\sum_{g=g_m}^{\max(g)}\left|q(m, g)\right|}{\sum_{g=0}^{\max(g)}\left|q(m, g)\right|} \tag{6.24}$$

给定一阈值 θ_1，若 $\eta_q \leqslant \theta_1$，则说明 $y(m, t)$ 中存在瞬态信号分量，可将与瞬态信号无关的幅值清除，即

$$y_2(m, t)=\begin{cases}1, & y_1(m, t) \geqslant g_m \\ 0, & y_1(m, t)<g_m\end{cases} \tag{6.25}$$

可见，$y_2(m, t)$ 能够表达瞬态信号所在的时频段，考虑到瞬态信号衰减后期的幅值较小，所以，对 $y_2(m, t)$ 中幅值为1的时段进行扩张，使用一函数 $w(m, t)$ 与 $y_2(m, t)$ 做卷积，即

$$y_3(m, t)=y_2(m, t)^* w(m, t) \tag{6.26}$$

函数 $w(m, t)$ 是时域有限的，最简单的是方波信号，同时，$w(m,t)$ 的时宽可由对应滤波器的中心频率 f_m 决定，表达式为

$$w(m, t)=\begin{cases}1, & 0 \leqslant t<5/f_m \\ 0, & \text{其他}\end{cases} \tag{6.27}$$

由于瞬态信号具有一定的频率宽度，所以，计算 $y_3(m, t)$ 的频域累加：

$$\mu(t)=\sum_{m=1}^M y_3(m, t) \tag{6.28}$$

在 $\mu(t)$ 中，在瞬态信号出现的时段内，幅值会比较显著，而幅值微弱的时段，则与信号中的随机干扰有关。同时，计算 $y_3(m, t)$ 的时域累加，即

$$\phi(m)=\int_0^T y_3(m, t) \mathrm{d} t \tag{6.29}$$

式（6.29）中，T 为信号长度，可见，与瞬态信号所在频段对应的 $\phi(m)$ 值会较大，综合 $\phi(m)$ 和 $\mu(t)$ 的信息，得到

$$\theta(m, t)=\phi(m) \cdot \mu(t) \tag{6.30}$$

由于 $\theta(m, t)$ 将瞬态信号所在的时频区域进一步凸显，所以，按式（6.31）提取瞬态信号成分 $s(t)$：

$$s(t)=\sum_{m=1}^M y(m, t) \cdot \theta(m, t) \tag{6.31}$$

由上述计算过程可知，$s(t)$ 的幅值与瞬态信号幅值会存在差异，但在频率结构和瞬态信号的时间间隔等方面会比较接近，这对于后续分析具有很好的实际意义。

6.3.3　信号显著性法

信号显著性法源于对听觉系统的模拟。由于听觉系统对突发声响的反应十

分灵敏，且能够跟踪和捕捉突发声响，这种突发声响使信号幅值和频率分布出现显著变化，听觉系统内部的神经组织可以自动对产生显著变化的时频区域产生反应，因此，模拟听觉系统的这种运行机制对于实现瞬态信号的感知与提取具有很好的借鉴价值。

所提方法的实现过程如图6.14所示，其中，带通滤波、包络提取和非线性压缩属于耳蜗功能模拟；多尺度二维及一维滤波和后续的时域微分、包络提取与整合等计算的根本目的是使局部幅值突变更为清晰；综合多尺度一维和二维滤波的整合结果，可提高显著图与瞬态信号提取的准确性。

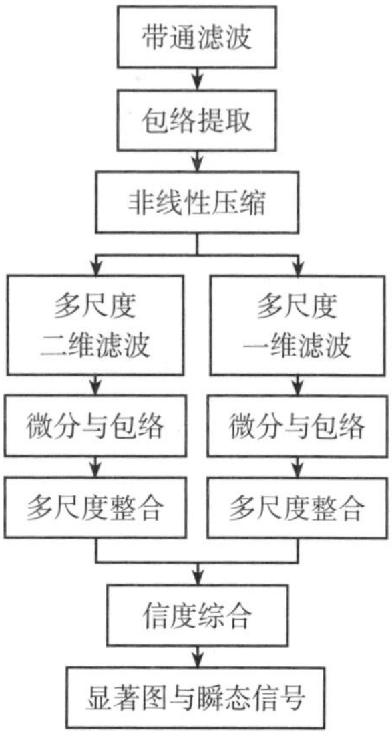

图6.14　方法的计算过程

首先进行带通滤波，滤波器数目为M，滤波器设为$h(m,t)$（$m=1,2,\cdots,M$），f_m为第m个滤波器的中心频率，滤波输出为$y(m,t)$，并计算得到$y(m,t)$的包络，设为$en(m,t)$。瞬态信号会使其所在频段内的信号包络产生幅值突变，同时，由于各滤波通道的中心频率和带宽已知，所以，包络$en(m,t)$便可表征与瞬态信号有关的大部分信息。为加强$en(m,t)$中的幅值差异，并平缓微小的幅值波动对后期计算的影响，按式（6.32）对$en(m,t)$进行非线性压缩：

$$en_1(m,t)=\frac{1}{1+\exp\left(\frac{1}{2}-\beta\frac{en(m,t)}{\max en(m,t)}\right)} \tag{6.32}$$

式（6.32）中，β为压缩系数，$\beta>0$，取不同的数值时会得到不同的压缩效果。上述压缩函数可表达为

$$\gamma(a)=\frac{1}{1+\exp(0.5-\beta a)} \tag{6.33}$$

可知，$0\leqslant a\leqslant 1$，当β分别为1，5，10时，$\gamma(a)$的曲线如图6.15所示。由图可知，总体上，$\gamma(a)$可以压缩小幅值并放大较大幅值，只是随着β值的增大，对较大幅值的压缩效果会趋近于一致。如果需对小幅值进行更大幅度的压缩，则可将压缩函数改写为

$$\gamma(a)=\frac{1}{1+\exp(0.5-\beta(a-\theta))} \tag{6.34}$$

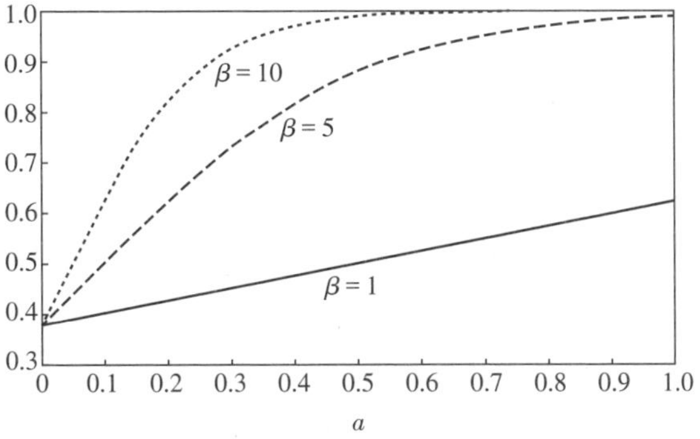

图6.15　非线性压缩函数

由瞬态信号的时频域特点可知，其时频曲面会覆盖较宽的频率区间，且往往具有多个峰值，同时，考虑到稳态背景信号与瞬态信号可能发生时频域重叠，可首先使用二维低通滤波器处理 $en_1(m,t)$，滤波器时域表达式为

$$w_{\sigma_{t1}\sigma_{t2}\sigma_{f1}\sigma_{f2}}(m,t)=\frac{1}{2\pi\sigma_{t1}\sigma_{t2}\sigma_{f1}\sigma_{f2}}\times\left(\exp\left(-\frac{1}{2}\left(\frac{m^2}{\sigma_{f1}^2}+\frac{t^2}{\sigma_{t1}^2}\right)\right)+\exp\left(-\frac{1}{2}\left(\frac{m^2}{\sigma_{f2}^2}+\frac{t^2}{\sigma_{t2}^2}\right)\right)\right) \tag{6.35}$$

式（6.35）中，$\sigma_{f1}<\sigma_{f2}$ 且 $\sigma_{t1}\geqslant\sigma_{t2}$。当 $\sigma_{t1}=\sigma_{t2}$ 时，滤波函数比单一高斯函数的中央部分更为突出；当 $\sigma_{t1}>\sigma_{t2}$ 时，滤波函数曲面将呈如图6.16所示的十字交叉特点，这种滤波器除了可检测连续宽频带幅值突变之外，还有助于抑制稳态背景信号影响。

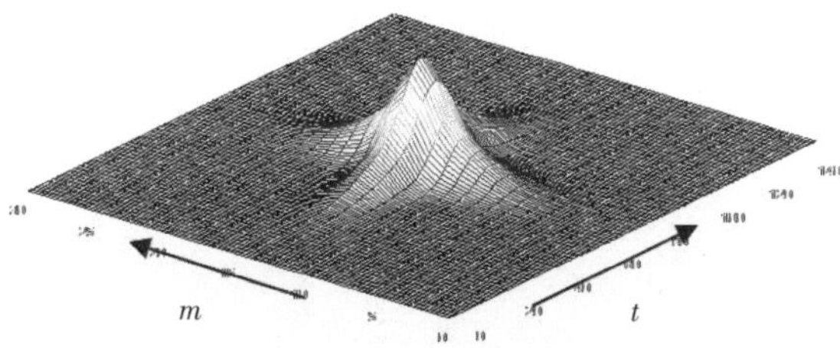

图6.16　滤波函数曲面

设 $\boldsymbol{U}=[u_1,u_2]$，$\boldsymbol{V}=[v_1,v_2,v_3]$，其中，$u_1>u_2$，$v_1>v_2>v_3$，则某一尺度下的二维滤波为

$$p_{ij}(s,\tau)=\frac{1}{\delta_{ij}}\sum_{m=1}^{M}\left(\int_0^T w_{u_2v_iu_1v_j}(m,t)en_1(s-m,\tau-t)\mathrm{d}t\right)\quad(i,j=1,2,3\text{且}i\leqslant j) \tag{6.36}$$

式（6.36）中，$\delta_{ij}=\left\|w_{u_2v_iu_1v_j}(m,t)\right\|$。当实测信号波形复杂或信噪比较低时，滤

波输出的波形往往不够光滑，无法清晰直观地表征信号局部幅值的突变，因此，令 $p_{ij}(m, t)=p_{ij}(s, \tau)$，计算时域偏导，即

$$p_{ij}'(m, t)=\frac{\partial p_{ij}(m, t)}{\partial t} \tag{6.37}$$

继而，计算 $p_{ij}'(m, t)$ 的包络，设为 $pe_{ij}(m, t)$，并对 $pe_{ij}(m, t)$ 进行跨尺度对比：

$$Q_{ijkl}(m, t)=\exp\left(pe_{ij}(m, t)+pe_{kl}(m, t)\right)\left(pe_{ij}(m, t)-pe_{kl}(m, t)\right)^2 \tag{6.38}$$

式（6.38）中的减法运算是为了不同滤波尺度下在信号幅值突变处的差异；exp 指数函数部分则是为了放大幅值突变与平缓处的差异，可进一步增强信号显著变化区域的对比度。由于会得到多个 $Q_{ijkl}(m, t)$，所以对它们进行整合，即

$$\Omega(m, t)=\sum_{i=1}^{3}\sum_{j=i}^{3}\sum_{k=i}^{3}\sum_{l=k}^{3}Q_{ijkl}(m, t) \tag{6.39}$$

称 $\Omega(m, t)$ 为二维滤波下的时频显著图。

另外，为增加信息的全面性，对各滤波通道中的信号包络进行多尺度一维滤波，以进一步明确幅值突变情况，所用滤波器为

$$g(t)=\exp\left(-\frac{t^2}{\sigma^2}\right) \tag{6.40}$$

式（6.40）中，σ 为待定参数。滤波的尺度数目与二维滤波相同，尺度为 $\boldsymbol{V}=[v_1, v_2, v_3]$，即第 j 个尺度下滤波器中 $\sigma=v_j$，设滤波输出为 $p_j^g(m, t)$，仍计算 $p_j^g(m, t)$ 的时域偏导和包络，设结果为 $pe_j^g(m, t)$。在对 $pe_j^g(m, t)$ 进行尺度间对比时，为避免小的幅值突变被压缩，只进行相减计算，即

$$Q_{jk}^g(m, t)=\left(pe_j^g(m, t)-pe_k^g(m, t)\right)^2 \tag{6.41}$$

整合 $Q_{jk}^g(m, t)$ 得到 $\Omega^g(m, t)$，即

$$\Omega^g(m, t)=\sum_{j=1}^{3}\sum_{k=j+1}^{3}Q_{jk}^g(m, t) \tag{6.42}$$

称 $\Omega^g(m, t)$ 为一维滤波下的时频显著图。

$\Omega(m, t)$ 的时域分布准确性要高于 $\Omega^g(m, t)$，但会压缩甚至丢失一部分频段（以高频段为主），而 $\Omega^g(m, t)$ 的频域提取效果要好于 $\Omega(m, t)$，因此，按式（6.43）综合 $\Omega^g(m, t)$ 和 $\Omega(m, t)$ 的信息：

$$\Theta(m, t)=\Omega^g(m, t)\sum_{m=1}^{M}\Omega(m, t) \tag{6.43}$$

则 $\Theta(m, t)$ 为最终的听觉时频显著图，全局显著图为

$$\varphi(t)=\sum_{m=1}^{M}\Theta(m,\ t) \tag{6.44}$$

综合时频显著图 $\Omega(m,\ t)$ 和全局显著图 $\varphi(t)$，可得

$$S(m,\ t)=\varphi(t)\cdot\Omega(m,\ t) \tag{6.45}$$

可见，$S(m,\ t)$ 能够更准确地表达瞬态信号所在的时频区域，则可计算

$$s(t)=\sum_{i=1}^{M}S(m,\ t)y(m,\ t) \tag{6.46}$$

$s(t)$ 即为提取得到的瞬态信号。由于对滤波输出的包络进行了非线性压缩，所以，$s(t)$ 的幅值与原始信号幅值会存在差异，但经过多尺度二维和一维滤波与整合后，信号中的瞬态成分会逐步被凸显出来，所以，即使是较微弱的瞬态信号，这种方法也能获得一定效果。

6.3.4　实测冲击响应法

在瞬态信号提取中，存在一种思路，即使用与瞬态信号相似的特征信号与实测信号做卷积，利用波形相似性提取瞬态成分，称这种特征信号为基函数。基函数的选择十分重要，只有与瞬态信号具有相近时频域特征的基函数才可以获得较好的提取效果，但总体上，基函数的选择仍具有一定的盲目性和试凑性。

严格地说，前述几种瞬态信号提取方法是被动的，完全依据瞬态信号的特点在时频域内搜索相关区域，而且，提取得到的瞬态信号对应的信号源还需进一步确定。由于瞬态信号多为被碰撞零部件的冲击响应，若零部件的动力学参数没有大幅度改变，则其冲击响应的时域和频域特征会具有较好的一致性，所以，通过试验方法确定的零部件冲击响应信号无疑最接近实际的瞬态信号。因此，为提高瞬态信号提取的准确性和计算速度，完全可以在设备非工作状态下利用锤击法测得各零部件的冲击响应，在计算精度要求不是很高的情况下，甚至可直接利用测得的冲击响应成分提取瞬态信号。

设实测到的冲击响应为 $\tilde{h}(t)$，系统真实脉冲响应为 $h(t)$，傅里叶变换分别为 $\tilde{H}(f)$ 和 $H(f)$。零部件所受的冲击力虽不是理想脉冲，但具有宽频频谱，从工程角度可以认为在 $\tilde{h}(t)$ 的频带内 $\tilde{h}(t)\approx h(t)$。同时，设被冲击零部件的振动信号为

$$x(t)=x_0(t)+s(t) \tag{6.47}$$

式中，$s(t)$ 为冲击所致的瞬态信号，$x_0(t)$ 为系统稳态响应或背景信号，则有

$$
\begin{aligned}
y(t) &= \int \left(x_0(\tau)+s(\tau)\right)\tilde{h}(t-\tau)\mathrm{d}\tau \\
&= \int s(\tau)\tilde{h}(t-\tau)\mathrm{d}\tau + \int x_0(\tau)\tilde{h}(t-\tau)\mathrm{d}\tau \\
&= \int s(\tau)\tilde{h}(t-\tau)\mathrm{d}\tau + y_0(t) \\
&= m(t)+y_0(t)
\end{aligned} \tag{6.48}
$$

考虑到 $\tilde{h}(t)$ 为时域有限信号，则 $m(t)$ 波形中会出现与冲击响应波形相似的成分。当零部件工作频率不处于共振区时， $y_0(t)$ 为小量， $y(t)$ 中 $m(t)$ 便清晰可辨，即瞬态信号的主要波形被提取出来。

式（6.48）可理解为系统响应 $x(t)$ 再作为输入通过系统，得到输出 $y(t)$。设实际系统所受激励为 $x_i(t)$，输出为 $x(t)$，从频域角度看，可有

$$
\begin{aligned}
\left|Y(f)\right| &= \left|X_i(f)\right|\cdot\left|H(f)\right|\cdot\left|H(f)\right| \\
&= \left|X(f)\right|\cdot\left|H(f)\right|
\end{aligned} \tag{6.49}
$$

由式（6.49）可见，系统第一次输出再经过一次系统后， $x(t)$ 中处于系统各阶共振区内的频率成分将被凸显出来，反之则被压缩。同时，由式（6.49）也可知，为取得更好的分析效果， $x(t)$ 可以多次重新通过系统，即

$$
\left|Y(f)\right| = \left|X(f)\right|\cdot\left|H(f)\right|^n \quad n=1,\ 2,\ \cdots \tag{6.50}
$$

需要说明的是，“多次重新通过系统”是指 $x(t)$ 与 $h(t)$ 的多次卷积运算，即对 $x(t)$ 做多次滤波处理。

例如，图6.17为一转子碰摩试验系统，试验时转轴上的圆盘会与静子内壁产生碰撞摩擦，模型中静子外壁置一压电式加速度计，转子振动使用涡流传感器检测。在试验系统静止状态下分别对转子和静子进行锤击激振，结合产生碰摩时的接触位置与方向，转子激振点为圆盘径向方向，静子激振点为静子内圈径向，测得的响应信号归一化后的波形如图6.18所示。在图6.18中，相对于静子，转子系统的固有频率和阻尼偏低，所以，两者的实测冲击响应波形完全不

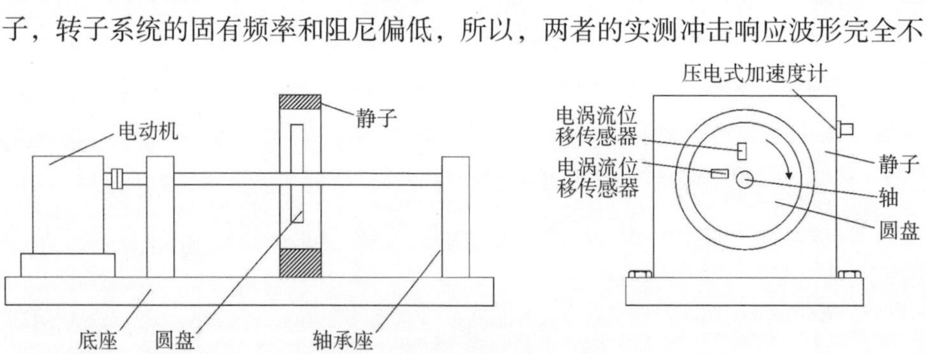

图6.17　转子碰摩故障试验模型

同，这也说明前面提到的基函数的选择具有一定的难度和盲目性。

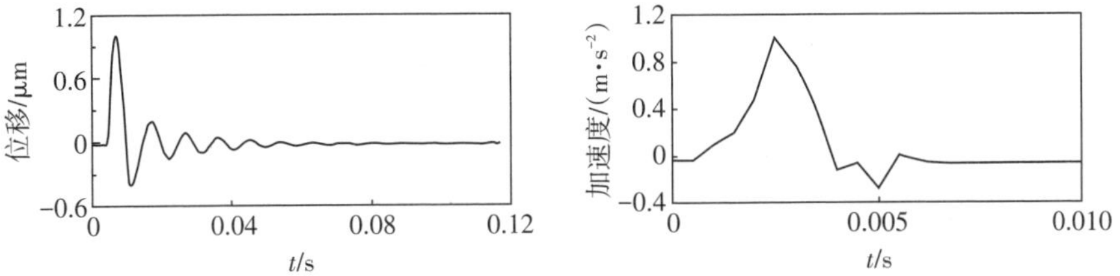

（a）转子系统冲击响应　　（b）静子冲击响应

图6.18　实测冲击响应

试验中，在转速为2322 r/min时发生碰摩故障，检测得到的静子和转子的振动信号如图6.19所示，静子振动信号中可明显观察到冲击响应信号成分，其主要原因是，静子振动测试使用的是压电式加速度计，加速度信号对力更为敏感；转子振动测试使用的则是位移传感器，对力的敏感性会相对差一些。图6.20为分别使用静子和转子实测冲击响应对各自信号的提取结果，图中的瞬态信号清晰可见，获得了很好的提取效果。

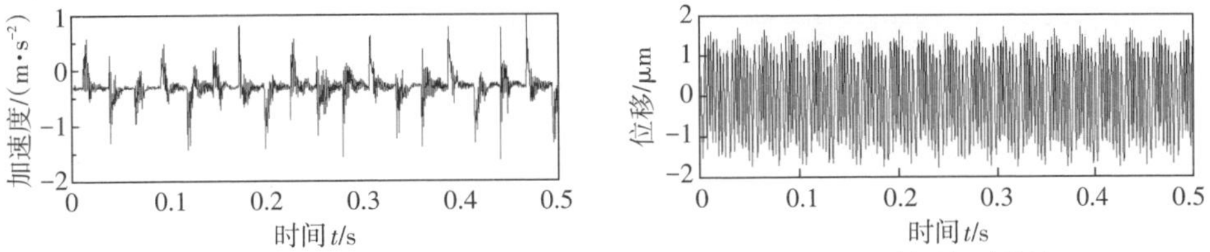

（a）静子振动信号　　（a）转子振动信号

图6.19　碰摩时静子和转子振动信号

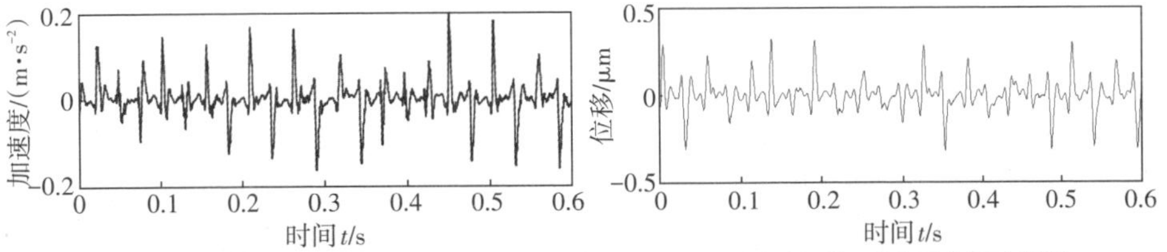

（a）静子振动信号的提取结果　　（b）转子振动信号的提取结果

图6.20　瞬态信号提取结果

6.4　包络的提取与应用

6.4.1　关于包络

在第4章中，已经提到信号包络的问题，如基于希尔伯特变换求窄带信号的包络和EMD中包络的使用。如图6.21所示，包络是信号的轮廓，具有一定的宏观性，能够表现信号幅值的演变过程。对于机械设备来说，振动或噪声信号的包络往往对应低频振动，如齿轮振动中的调幅现象，齿轮轴旋转频率低于轮齿啮合频率，由于轮齿是齿轮的局部，它的振动会依附于齿轮整体振动，从而齿轮的整体振动信号便成为轮齿啮合振动的包络，所以，包络信号往往对应某一整体振动。另外，在6.3.3节中提到，在带通滤波结果中，由于滤波器中心频率和带宽已知，滤波信号的包络便可表达该频带内信号的绝大多数信息，从而可基于包络信息做后续的分析和处理。比如，6.3.3节中所述的听觉显著性计算方法，便充分利用了包络的幅值变化信息；6.3.2节中的极值点概率密度方法中，包络线本身便是基于极值点形成的，极值点也相当于对包络信息进一步简化的结果。

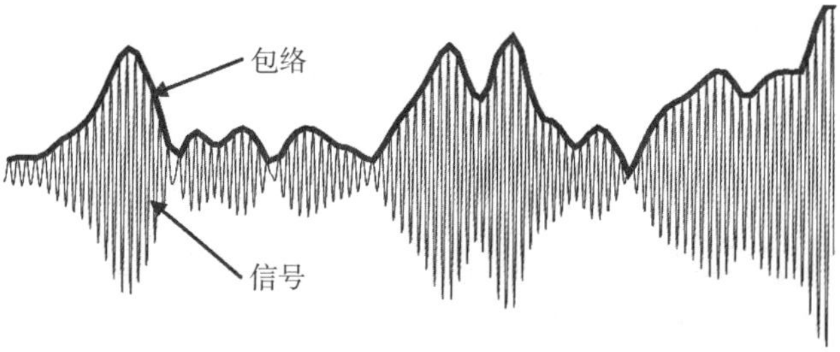

图6.21　信号包络示意图

另外，在4.6.3节中提到，周期性冲击响应信号的幅频谱的包络为单个冲击响应的幅频谱，而单个冲击响应近似于系统的脉冲响应函数，所以，此时的幅频谱包络具有重要的物理意义。同时，工程实测信号往往具有谱线杂乱密集、频带宽广等特点，往往不便于观察，使用频谱包络则有助于表现信号的频率分布状态，比如，在计算5.1.2节中的频域统计值时，便可以基于幅频谱的包络进行计算。

时域信号包络的常用提取方法有两种：第一种是利用希尔伯特变换等方法构建复数信号，继而求复数信号的模，得到包络，但由4.4.2节可知，这种方法的前提是包络与信号的频谱不重叠，否则将得到错误结果；第二种则是首先获得信号的极值点，然后按信号的采样时间间隔对极值点做插值处理，通常使用三次B样条插值方法，插值结果便为包络，这种方法的通用性较好，不受信号特点约束，但会存在端点边界效应，同时，波形中微小起伏的极值点会影响局部包络波形。信号幅频谱包络的提取可以使用第3章提到的多点平滑方法，且只使用幅频谱中的各极值点进行平滑处理，同时，还需根据分析目的设置或选取包络提取方法，比如，是否保留幅值突出的离散谱线，对共振峰类的局部频谱的平滑程度等。

6.4.2　包络谱

顾名思义，包络谱是信号幅值包络的频谱，如幅频谱或功率谱，被包络的信号通常为原始信号中某一频带内的分量，如小波变换后某一尺度内的信号、EMD分解后的某个IMF等。包络谱能够表现信号包络的周期性，常用于齿轮和滚动轴承的振动信号分析中，主要目的是得到幅值调制信号的频率或冲击响应的出现频率。

如图6.22为一故障滚动轴承振动信号在某一频带内的分量和包络，可见，信号中存在大量的幅值突变成分。由前述滚动轴承故障特点可知，故障造成的幅值突变频率是关键信息，而相对于信号波形，包络能够更为清晰地表达幅值突变的基本概貌。图6.23为包络的幅频谱，其中出现多个离散谱线，说明包络中存在多个周期成分，所以，由包络谱的频率结构，并结合轴承自身的各种特征频率，便可对故障部位做出判断。使用包络谱进行滚动轴承的故障识别几乎是一种通用方法，其效果主要取决于包络的提取和处理方法。另外，由于轴承故障导致的冲击响应成分会占据较宽的频带，在分析时，一般只取幅值突变最明显的频带进行包络提取，所以，此时的包络与冲击响应成分的包络并不等同。同时，在轴承旋转过程中，若不能保证缺陷部位在每一次参与接触时都能够激发冲击响应成分，或该成分十分微弱，则会降低包络谱的准确性。比如，在故障早期，缺陷滚动体与内圈和外圈间的碰撞往往并不强烈，在轴承非承载区内甚至不出现碰撞，这会导致在包络谱中观察不到明显的滚动体特征频率，从而会影响诊断的准确性。

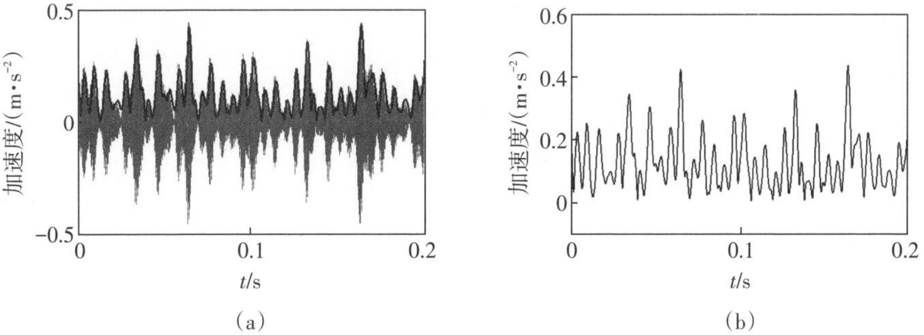

图6.22　故障轴承振动信号分量与包络

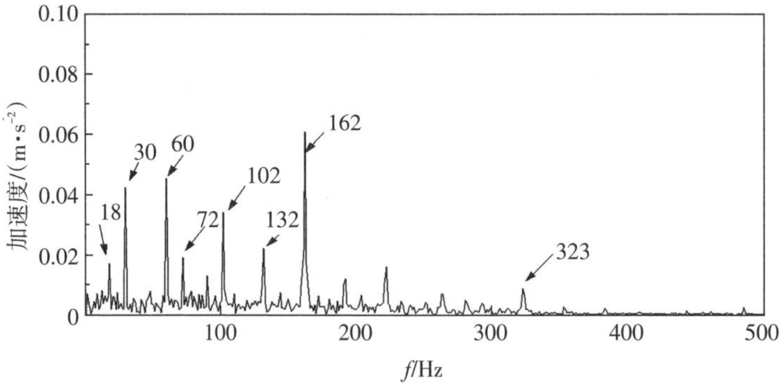

图6.23 包络谱

在齿轮振动信号处理中，若包络谱中出现某一齿轮轴的旋转频率，则意味着转轴弯曲或齿轮偏心导致旋转振动加大；如果谱中旋转频率的倍频成分丰富，则可能是某些轮齿出现故障，如断齿、点蚀等；如果出现啮合频率及其倍频成分，则说明每次啮合都存在异常，比较典型的是轮齿侧隙过大。

当然，包络谱更适用于处理设备稳速运行时的振动信号。当设备转速波动较大时，包络谱中将无法观察到清晰的离散谱线，可使用时频分析方法处理包络信号。

6.4.3 谱包络

谱包络即为信号幅频谱或功率谱的包络，可描述信号频率成分的总体构成情况。实际设备的振动信号频谱往往具有频率成分众多和谱线密集的特点，尤其是使用加速度信号时，由傅里叶变换的微积分性质可知，相对于位移和速度信号，加速度信号中的高频成分幅值会更为明显，从而会加重频谱直观表现的复杂性。同时，当设备状态未发生明显变化时，信号的频谱结构会较为稳定，则谱包络曲线的形状特征也会得以保持，所以，当不需要识别准确的频率数值，而是以状态判断或故障分类为目的时，可以考虑利用谱包络信息。

谱包络的获取方法主要有三种，即多点移动平均法、极值点插值法和低通滤波法。其中，极值点插值法所得结果最接近频谱的实际包络，但另两种方法也能够描述频谱的基本轮廓特征，在实际中也常被使用。

多点移动平均法可使用3.2节中提到的方法对频谱进行平滑处理，为使包络曲线尽量平滑，点数 M 的取值应结合频谱点数，频谱点数越多，M 值应越大，同时，频谱谱线越密集，M 值也应越大。多点平均实质是计算频谱中若干个连续频率处幅值的平均值，所以，这种方法得到的结果更接近谱的局部均值曲线，但能反映谱的整体波动，所以仍称为谱包络。极值点插值法即首先获得谱中的各极大值点，继而进行插值处理，从而得到包络曲线，当然，谱中的微小极值点会对插值结果产生很大影响，此时，可进行第二次甚至第三次包络处理，包络次数越多，得到的包络曲线会越光滑。由于频谱轮廓可视为一低频成分，所以，可对频谱进行低通滤波，从而得到谱包络曲线。在处理过程中，可将频谱的采样频率设为1 Hz，通过调节低通滤波的截止频率可获得较好的包络曲线，这就是低通滤波法。

总体上，由于不能预知频谱幅值分布特点，所以在得到谱包络的过程中，需进行参数调节，以获得较为理想且适合后续分析的包络曲线。同时，需注意的是，由于频谱不属于窄带信号，所以不能使用希尔伯特变换计算谱包络。

图6.24是一发生内圈故障的滚动轴承振动信号的幅频谱和使用多点平均计算得到的谱包络，可见，幅频谱结构复杂，谱线繁杂密集，不便于观察，而谱包络曲线则能清晰表现出谱的基本形状特征。由于轴承故障会导致大量的冲击响应成分，在幅频谱中则对应共振峰，所以，谱包络可以描述信号中各主要共振峰所在频段，从而便于进一步分析信号和判断轴承状态。另外，相对于幅频谱，谱包络的波动频率较低，所以，可以使用远低于频谱点数的数值进行表达，有助于有效减小后续分析的计算量。

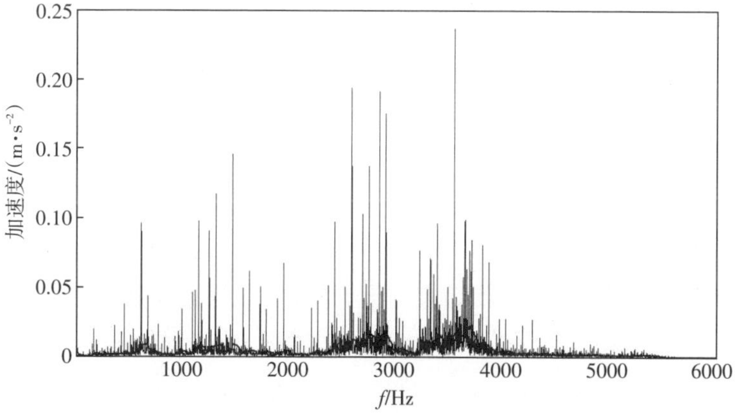

图6.24　故障轴承振动信号的幅频谱和谱包络

6.4.4　包络相关

包络相关是指计算两个信号包络的互相关系数，在雷达、语音、图像等信息的处理中应用较多，但在机械振动与噪声信号中应用较少。一般情况下，用于计算互相关系数的两个包络对应的是同一原始信号被频率分解后的两个信号分量，如小波变换、带通滤波等，包络相关结果能够反映两信号分量是否属于同一信号源。

信号中的某一成分可以表示为

$$x_0(t)=\alpha(t)s(t)$$

其中，$\alpha(t)$ 为包络信号；$s(t)$ 为一多频率信号，且可以占据很宽的频率范围。如语音信号中，每个字发音时的信号便是一个典型例子，如图6.25所示，多个频率成分构成的信号 $s(t)$ 在短时间内由发声到结束，这个构成中声音的强弱变化可对应包络信号 $\alpha(t)$，另外，物体在冲击作用下产生的冲击响应振动信号也符合这一特点。由于 $\alpha(t)$ 所在频带会远小于 $s(t)$，由傅里叶变换的乘积性质可知，经小波变换等方法分解之后，$\alpha(t)$ 的信息会在 $s(t)$ 所在的各频带内得到一定程度的保留，所以，如果计算各信号分量包络间的相关系数，则可明确哪些分量属于同一信号成分，从而可以考虑将两信号分量合并，使波形更接近完整的信号成分。

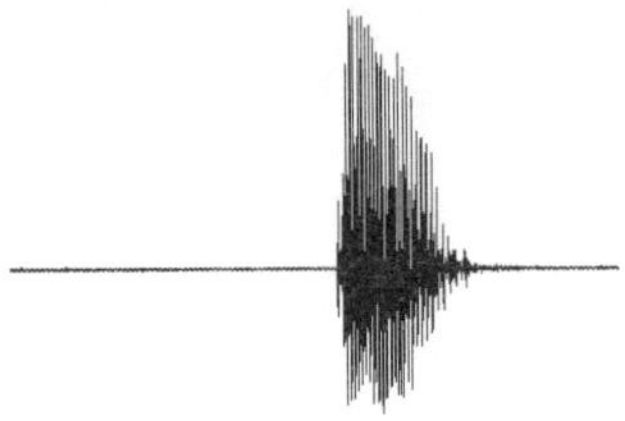

图6.25　语音信号

同时，由于包络相关多用于非平稳信号，如语音信号，每个字的发音信号的频率结构都不尽相同，其包络曲线的形状也会有所差异，所以，应首先对信号进行分段处理，将每个字对应的信号分为一段，继而在频率分解后进行包络相关处理，从而可获得更好的分析效果。

6.5　实例说明

虽然常见零部件的常见故障的特征是基本明确的，但是，仍需要不断挖掘更为明确的特征信息，设计更为有效的特征提取方法。另外，即使是同一类型的零件，当在不同的设备中时，各种特征信息也会因设备自身的工作特点而产生一定的变化，所以，应结合设备特点，选取特征信息，并设计相应的信息提取方法。

6.5.1　螺栓松动的一种识别方法

由于螺栓松动会导致被连接件接合部位的动力参数发生变化，所以，两个被连接件间的某些关系会发生变化，因此，可以通过融合两被连接件的振动信号进行松动识别。图6.26为测试原理，在两个被连接件上各放置一加速度传感器，在实际测试时，两测点的位置关系尽量保持不变，设两路信号分别为 $x(t)$ 和 $y(t)$。

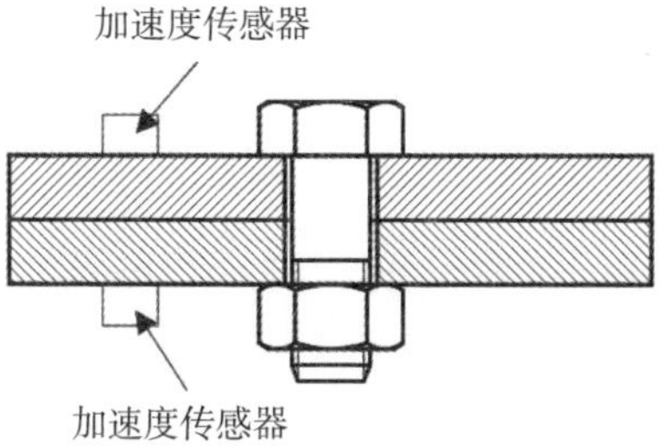

图6.26 传感器布置方式

由于概率密度对信号的波形特征较为敏感，所以基于概率密度设计螺栓松动的识别方法。完整的方法包括训练和识别两部分。训练部分的基本原理如图6.27所示，其作用是利用大量已知样本，得到能够用于实际识别工作的故障模板。在训练过程中，首先得到每一样本的概率密度，继而对概率密度进行网格化处理并得到一向量，所有样本所得向量构成一矩阵，称为概率矩阵，对概率矩阵进行主元分析，得到在各主元方向上的投影。设定主元筛选阈值，对两路信号所得的主元投影进行合并形成新的矩阵，对该矩阵继续做主元分析，从而得到最终的各主元方向及其上的投影值。

对于松动的识别，包括以下两种方式。

① 识别方式1：识别过程与训练过程的计算方法相似，但不进行主元分析，而是直接向训练时确定好的各主元方向投影，根据最终输出完成识别。

② 识别方式2：识别过程与图6.27所示流程完全一致，且无须训练，直接使用紧定状态时的样本数据与实测数据进行计算，根据计算结果对是否松动进行判断。这种识别方式只识别是否发生松动，不识别具体的松动程度。

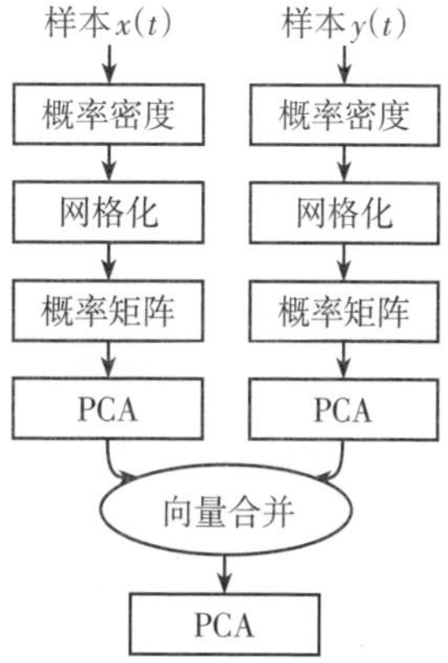

图6.27 训练部分的基本原理

设两路信号的概率密度分别为 $p(x)$ 和 $p(y)$，首先进行网格化处理。设有 K 个松动状态，每个松动状态有 M 个样本，第 k 个状态的第 m 个样本为 $x_{km}(x)$ 和 $y_{km}(x)$，对应的概率密度分别为 $p_{km}(x)$ 和 $p_{km}(y)$。设两路信号所有样本中的最大幅值和最小幅值

分别为 δ_{max} 和 δ_{min}，并设所有样本概率密度的最大值为 β 。以 $p_{km}(x)$ 为例，如图6.28所示，在横坐标 $[\delta_{min}, \delta_{max}]$ 和纵坐标 $[0, 1.5\beta]$ 区域内划分出 $R\times L$ 个网格，相应地定义一 $R\times L$ 零矩阵 $\boldsymbol{G}_{km}^{x}$，该矩阵中每一元素对应图中的一个网格，其中 $\boldsymbol{G}_{km}^{x}(1, 1)$ 对应左下角的网格，$\boldsymbol{G}_{km}^{x}(R, L)$ 对应右上角的网格。若某一网格覆盖了概率密度曲线中的点，则令该网格对应的矩阵 $\boldsymbol{G}_{km}^{x}$ 中元素的值为1。

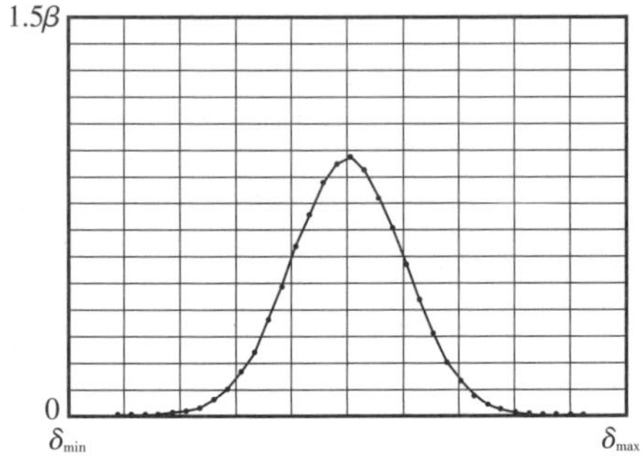

图6.28　概率密度曲线网格化示意图

对于经概率密度曲线网格化后得到的矩阵 $\boldsymbol{G}_{km}^{x}$，按照顺序将所有列合并为一列，设合并后的列向量为 $\boldsymbol{a}_{km}^{x}$，即

$$\boldsymbol{a}_{km}^{x}=\left[\boldsymbol{G}_{km}^{x}(1, 1), \boldsymbol{G}_{km}^{x}(2, 1), \cdots, \boldsymbol{G}_{km}^{x}(R, 1), G_{km}^{x}(1, 2), \boldsymbol{G}_{km}^{x}(2, 2), \cdots, \boldsymbol{G}_{km}^{x}(R, L)\right]^{\mathrm{T}} \tag{6.51}$$

将 $x(t)$ 的所有样本均按照上述方法处理后，得到 $K\times M$ 各向量 $\boldsymbol{a}_{km}^{x}$，利用 $\boldsymbol{a}_{12}^{x}$ 生成概率矩阵 $\boldsymbol{\Phi}^{x}$，即

$$\boldsymbol{\Phi}^{x}=\left[\boldsymbol{a}_{11}^{x}, \boldsymbol{a}_{12}^{x}, \cdots, \boldsymbol{a}_{1M}^{x}, \boldsymbol{a}_{21}^{x}, \cdots, \boldsymbol{a}_{KM}^{x}\right]$$

可见，$\boldsymbol{\Phi}^{x}$ 实质上表达了所有样本的概率密度曲线的形状特征。同时，$\boldsymbol{\Phi}^{x}$ 也可视为一高维点集，维数为 $R\times L$，点数为 $K\times M$，因此，有必要对其进行降维处理。

分别对 $\boldsymbol{\Phi}^{x}$ 和 $\boldsymbol{\Phi}^{y}$ 进行PCA计算，信息保留率阈值 θ ，设 $\boldsymbol{\Phi}^{x}$ 和 $\boldsymbol{\Phi}^{y}$ 的各主元方向中得到保留的主元方向数目分别为 s^{x} 和 s^{y}，得到保留的特征向量构成的矩阵则为 $\boldsymbol{V}^{x}$ 和 $\boldsymbol{V}^{y}$。将 $\boldsymbol{\Phi}^{x}$ 和 $\boldsymbol{\Phi}^{y}$ 向各自得到保留的主元方向上投影，即

$$\boldsymbol{\omega}^{x}=\left(\boldsymbol{V}^{x}\right)^{\mathrm{T}}\boldsymbol{A}$$

$$\boldsymbol{\omega}^{y}=\left(\boldsymbol{V}^{y}\right)^{\mathrm{T}}\boldsymbol{A}$$

继而，将 $\boldsymbol{\omega}^{x}$ 和 $\boldsymbol{\omega}^{y}$ 合并，即

$$\boldsymbol{\Omega}=\begin{bmatrix}\boldsymbol{\omega}^{x}\\ \boldsymbol{\omega}^{y}\end{bmatrix} \tag{6.52}$$

至此，两个被连接件的振动信号概率密度的主要信息已合并为矩阵 $\boldsymbol{\Omega}$。为降低维数，对 $\boldsymbol{\Omega}$ 进行PCA计算。信息保留率阈值仍为 θ，在此条件下得到保留的主元方向数目为 s，前 s 个特征向量构成的矩阵设为 $\tilde{\boldsymbol{V}}$，仍将 $\boldsymbol{\Omega}$ 向 $\tilde{\boldsymbol{V}}$ 进行投影，即

$$\boldsymbol{Q}=\tilde{\boldsymbol{V}}^{\mathrm{T}}\boldsymbol{\Omega}$$

并设第 k 个状态的第 m 个样本投影所得列向量为 $\boldsymbol{q}_{km}$，即

$$\boldsymbol{Q}=\left[\boldsymbol{q}_{11},\ \boldsymbol{q}_{12},\ \cdots,\ \boldsymbol{q}_{KM}\right]$$

则第 k 个状态投影点的中心为

$$\boldsymbol{E}_k=\frac{1}{M}\sum_{m=1}^{M}\boldsymbol{q}_{km}$$

PCA本身只是一种降维方法，对于由多个模式数据构成的高维数据集，当各模式之间具有较好的可区分性时，降维之后有可能在低维空间内具有较好的可区分性，因此，PCA间接具有模式分类的作用。

对于识别方式1，需利用样本进行训练，由训练可得到3次PCA计算的 $\boldsymbol{V}^x$，$\boldsymbol{V}^y$，$\tilde{\boldsymbol{V}}$，对于待识别的两路信号，生成概率矩阵后无须进行PCA计算，而是直接向 $\boldsymbol{V}^x$ 和 $\boldsymbol{V}^y$ 投影，投影结果合并后再向 $\tilde{\boldsymbol{V}}$ 投影，设所得结果为 $\tilde{\boldsymbol{q}}$，计算 $\tilde{\boldsymbol{q}}$ 与 $\boldsymbol{e}_k$（$k=1$，$\cdots$，K）的欧式距离：

$$d_k=\sqrt{\left(\tilde{\boldsymbol{q}}-\boldsymbol{e}_k\right)^{\mathrm{T}}\left(\tilde{\boldsymbol{q}}-\boldsymbol{e}_k\right)} \tag{6.53}$$

则与 $\tilde{\boldsymbol{q}}$ 距离最小的 $\boldsymbol{e}_k$ 所对应的状态即为识别结果。

由于识别方式2，只使用螺栓紧固时的样本数据和现场实测数据，即由PCA得到的投影点只有两类。由PCA计算前所做的零均值处理可知，某一主元方向上所有投影点坐标值的和会接近于零（理论上为零），因此，若实测时螺栓处于松动状态，且由PCA得到的投影点对于紧固和松动具有较好的同类聚集性和异类可区分性，则两种状态所得投影点应在某一主元方向上分别位于零的左右两侧，且第一主元的可能性最大。基于上述分析，设紧固和实测数据对应的投影所得矩阵分别为 $\bar{\boldsymbol{Q}}$ 和 $\tilde{\boldsymbol{Q}}$，两矩阵均为 S 行 M 列，矩阵元素设为 $\bar{\boldsymbol{q}}_{sm}$ 和 $\tilde{\boldsymbol{q}}_{sm}$，如果两矩阵中有一行（设为第 w 行）向量满足如下条件：

① $\bar{\boldsymbol{q}}_{wm}>0$ 且 $\tilde{\boldsymbol{q}}_{wm}<0$，或 $\bar{\boldsymbol{q}}_{wm}<0$ 且 $\tilde{\boldsymbol{q}}_{wm}>0, m=1$，$\cdots$，$M$；

② $\zeta=\left(1-\left|\dfrac{\sum\limits_{m=1}^{M}\bar{q}_{wm}}{\sum\limits_{m=1}^{M}\tilde{q}_{wm}}\right|\right)^2<\alpha$，$\alpha$ 为阈值。

则可认为当前螺栓处于松动状态。

图6.29为一螺栓松动试验系统，该系统利用4个M10六角头螺栓将一400 mm × 260 mm × 20mm的钢板连接在一400 mm × 650 mm × 10 mm的平台上，螺栓紧固时的力矩为30 N·m，激振力由一振动电机提供，电机转速为1500 r/min。传感器放置位置如图6.29（b）所示，设图中上板测点为1号测点，下板为2号测点。由于试验系统中只使用了两个平板，而且平板不承受负载，所以，对于螺栓松动识别来说，具有一定的难度。

（a）系统总体

（b）系统局部及传感器布置情况

图6.29　螺栓松动试验系统

试验时仅松动传感器右侧的螺栓，螺栓的拧紧力矩分别为30，20，10，0 N·m，其中，30 N·m时螺栓为紧固状态，0 N·m时螺栓为全松状态。测试振动信号时的采样频率为2048 Hz，每种状态测取10段样本信号，即$K=4$，$M=10$，每段长度为6000个点。由于试验系统的动力行为不会具有强烈的非平稳性，因此，每种状态取10段样本已能够较为全面地反映各种状态下的基本特征。图6.30为不同松动状态下各一组样本信号的概率密度曲线，可以发现，不同松动状态下，概率密度曲线的差异并不特别明显，而两路信号间关系的差异则需要后续计算结果来体现。在对概率密度曲线进行网格化处理时，按照9 × 38进行网格划分。PCA计算时的信息保留率阈值设为$\rho=0.85$。

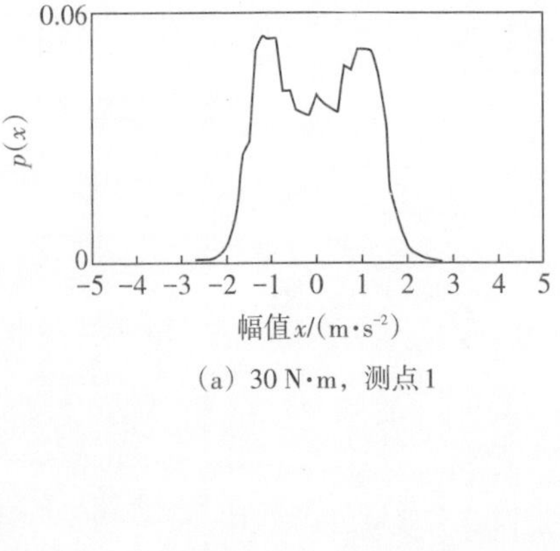

（a）30 N·m，测点1

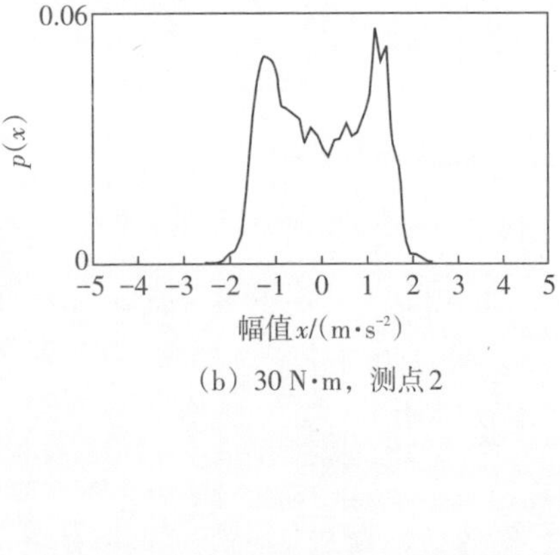

（b）30 N·m，测点2

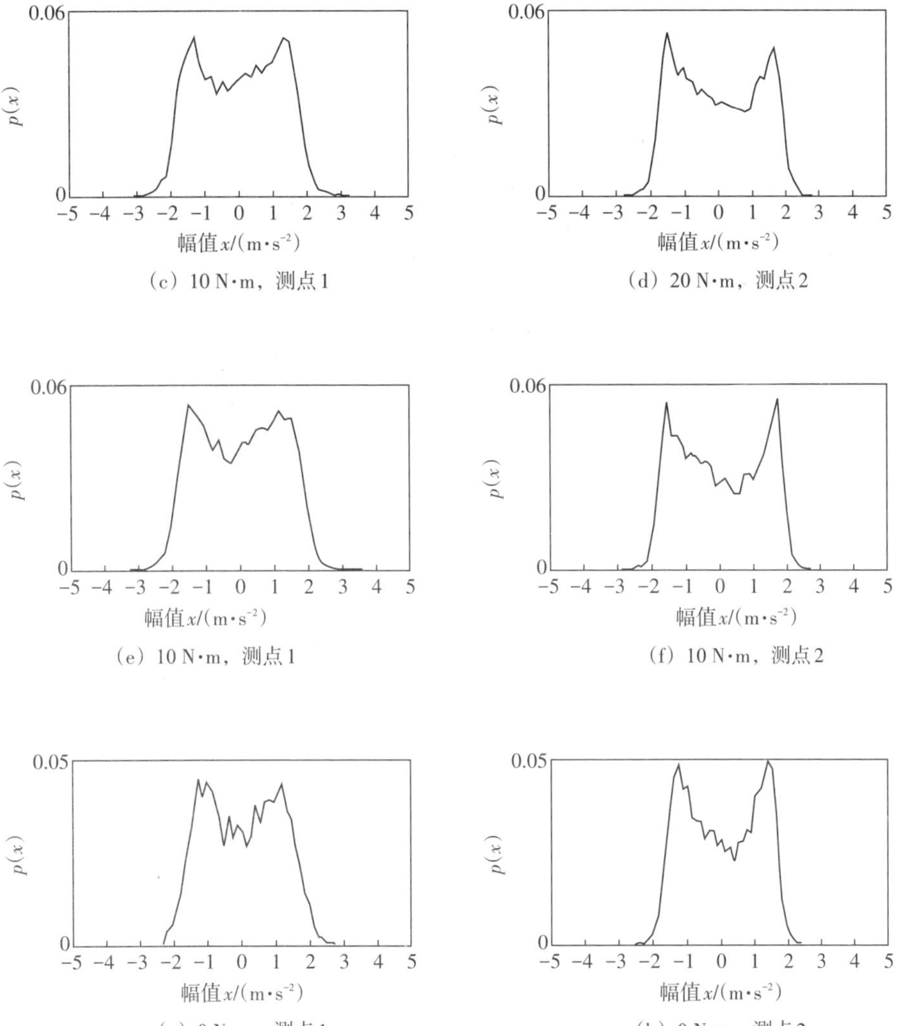

(c) 10 N·m，测点1
(d) 20 N·m，测点2
(e) 10 N·m，测点1
(f) 10 N·m，测点2
(g) 0 N·m，测点1
(h) 0 N·m，测点2

图6.30 不同拧紧力矩时两测点振动信号概率密度曲线

首先，按照识别方式1处理数据，对4种状态共40组样本进行分析，计算得到的矩阵 $\boldsymbol{\Omega}$ 在前三个主元方向上的投影情况如图6.31所示，由图可知，4种松动状态的投影点具有明显的可区分性，且相同的松动状态对应的投影点的聚集性较好，这说明概率密度曲线网格化和两路信号融合的处理方式是有效的，更说明两路信号间的关联关系对松动状态更为敏感，是识别螺栓松动的一个重要特征信息。

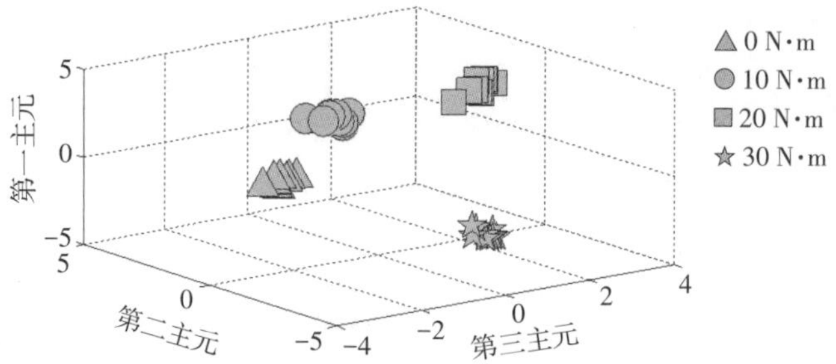

图6.31　4种松动状态在前三个主元方向的投影

进一步地，对4种松动状态各测取40组样本进行识别，识别准确率均达到90%以上，其中拧紧力矩为0 N·m和30 N·m时识别率最高，可达到95%，即螺栓的紧固和全松这两种状态易于识别。同时，对于拧紧力矩为10 N·m和20 N·m两种松动状态的识别成功率则不如螺栓紧固和全松状态的识别成功率，而且识别失败时的结论多是对方状态，即10 N·m的状态识别为20 N·m的松动状态，反之亦然。由图6.30可以发现，这两种状态的概率密度曲线形状较为相似，是发生识别结果互混的根本原因。

对于识别方式1中的样本训练，在工程实际中可能无法进行不同松动状态下的样本准备，而且在实际中只需明确螺栓当前是否松动，并不会过多关注具体的松动程度，因此，可只使用紧固状态的数据和现场实测数据，按照识别方式2进行识别。

使用前文所用数据，将拧紧力矩为30 N·m时的数据与其他3种松动状态数据进行组合，分别对30 N·m和20 N·m、30 N·m和10 N·m、30 N·m和0 N·m时的振动信号进行分析，每种状态仍测取10段信号，每段6000个点，识别时阈值设为 $\alpha=0.1$ 。计算结果如6.32所示，图中，在第一主元与第二主元和第三主元构成的两个平面内，紧固状态和松动状态间存在显著距离，具有良好的可区分

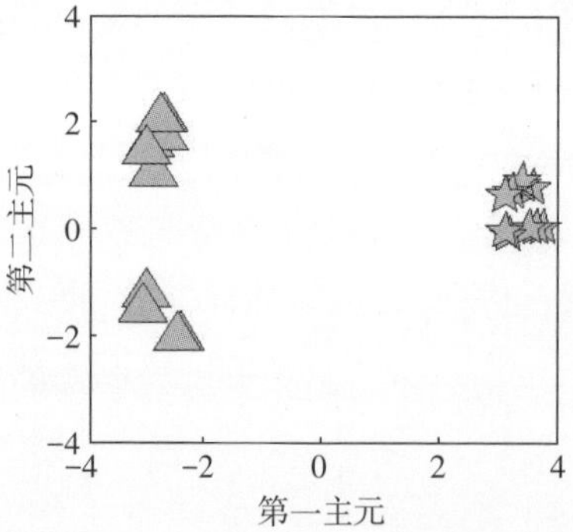

（a）30 N·m和0 N·m

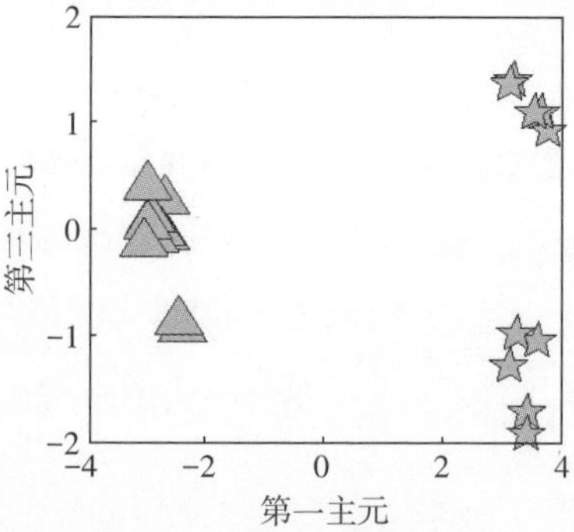

（b）30 N·m和0 N·m

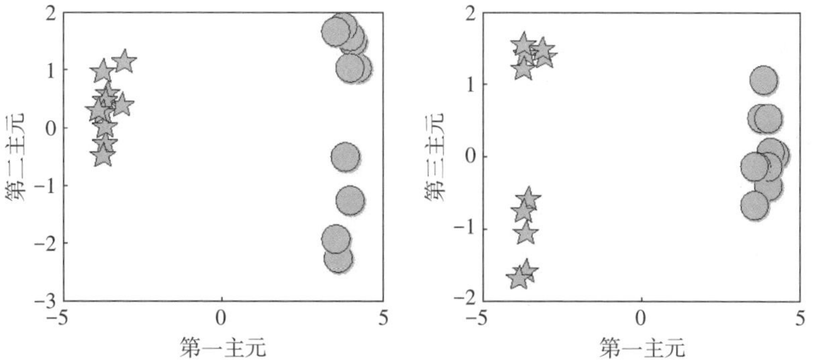

（c）30 N·m和10 N·m （d）30 N·m和10 N·m

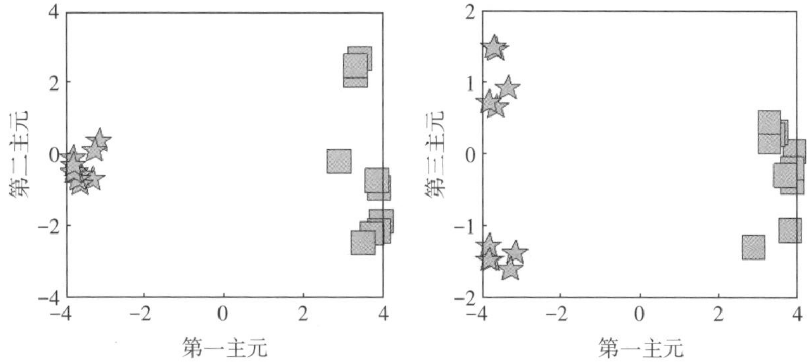

（e）30 N·m和20 N·m （f）30 N·m和20 N·m

图6.32 紧固状态与某一松动状态数据所得投影点

性。同时，在第一主元方向上，不同状态的投影点满足识别方式2中的两个条件，3种拧紧力矩组合所得到的ζ值依次为0.0475，0.006，1.96×10^{-6}。

6.5.2 焊缝裂纹故障的特性分析

焊接是一种连接机械零件的重要方式，尤其在静设备中（如桁架、罐、塔、炉等），焊接的使用特别普遍。不当的焊接工艺、机械载荷和环境因素的影响都可能导致焊缝表面或焊缝内部产生裂纹，其直接后果便是在裂纹处出现应力集中，并降低结构强度和刚度。在焊缝裂纹识别方面，通常采用无损检测方法，如超声波检测、X射线检测、磁粉检测等。同时，焊缝出现裂纹后，必然改变焊缝周边局部结构的刚度和阻尼，所以，也可以从动力学的角度分析焊缝裂纹对结构动力学参数的改变规律。

以图6.33所示的筒状结构为例，筒的4个侧板均为焊接连接，结构尺寸为200 mm × 200 mm × 700 mm，材料为灰铸铁，裂纹设置在根部两侧板焊缝处。

由于焊缝裂纹涉及深度和长度参数，所以，需明确不同长度和不同深度的裂纹对结构的影响规律，并进一步提炼其基本特性。对于这种问题，通过大量试验测试和分析，可以得到可靠的结论，但工作量较大，周期较长，且成本较高，所以，可以先通过理论分析初步明确一些基本规律，常用的手段是利用有限元分析软件进行建模和仿真分析。当然，有限元分析软件的计算结果并不会与真实试验值严格一致，但若建模合理，则有助于明确参数变化对结构动力学特性的影响规律，所以，理论仿真分析的目的并不是得到准确的数值，而是初步获得一些基本规律。

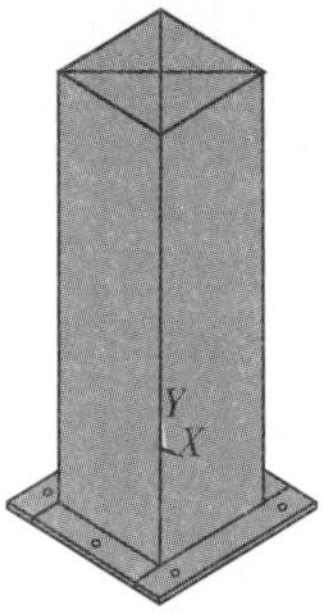

图6.33　筒状结构实体模型

首先，取裂纹长度为140 mm，计算不同深度时的结构前6阶固有频率，所得结果如表6.1所示。为进一步明确变化规律，根据表6.1绘制各阶固有频率的减少量 $\Delta f=\left(f_n^0-f_n\right)\times 100$ ，如图6.34所示。其中， f_n^0 为没有裂纹时的固有频率， f_n 为产生裂纹后的固有频率。由图6.34可知，随着裂纹深度的增加，各阶固有频率都逐渐减小，其中，第一阶、第二阶与第三阶固有频率下降的幅度小，而第四阶、第五阶和第六阶下降的幅度则较大。

表6.1　裂纹长度140 mm，不同裂纹深度时的各阶固有频率

裂纹深度/mm	1阶频率/Hz	2阶频率/Hz	3阶频率/Hz	4阶频率/Hz	5阶频率/Hz	6阶频率/Hz
0	225.92	248.14	258.90	361.23	428.25	526.11
0.35	225.80	248.08	258.84	360.07	427.85	526.07
0.44	225.75	247.92	258.59	358.67	426.48	522.98
0.53	225.72	247.52	258.49	358.32	426.08	520.70
0.77	225.44	247.42	258.10	356.11	423.61	519.02
1.06	225.40	247.22	258.03	355.64	423.25	518.62

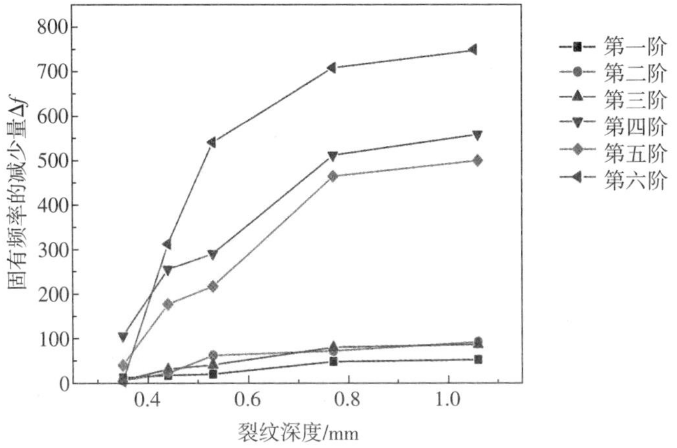

图6.34 裂纹长140 mm，各阶固有频率的减少量

同时，为了更全面地反映各阶固有频率随裂纹深度变化的下降程度，计算不同裂纹深度时的固有频率比 f_n/f_n^0，所得结果如图6.35所示。由图6.35可知，第一阶固有频率变化曲线趋于水平，裂纹深度1.06 mm时，固有频率相对于裂纹产生前仅降低了0.23%。第二阶和第三阶固有频率均有下降，但下降幅度也较小，说明前三阶固有频率对裂纹深度的敏感性较低。第四阶、第五阶、第六阶固有频率下降幅度比较大，在裂纹深0.35 mm时，固有频率变化缓慢，而在裂纹深度0.35 mm之后，固有频率开始大幅度下降，说明这三阶固有频率能够有效反映裂纹的存在与否，也可以表征焊缝的深度。

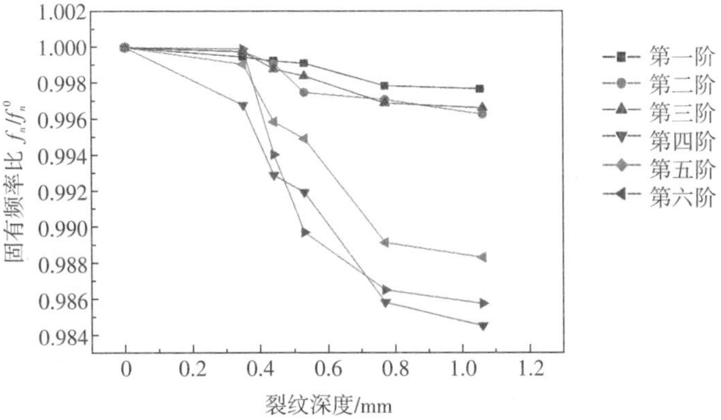

图6.35 裂纹长140 mm，各阶固有频率比

表6.2为裂纹长度230 mm，不同裂纹深度时的前6阶固有频率，图6.36和图6.37分别为各阶固有频率减少量和各阶固有频率比。总体上，当裂纹长度增

加后，固有频率与裂纹深度之间仍存在相同的变化规律，同时，也可以发现，各阶固有频率的变化量与裂纹长度为140 mm时有所增加，这说明长度参数对变化量的影响更明显。

表6.2　裂纹长230 mm，不同裂纹深度时的各阶固有频率

裂纹深度/mm	1阶频率/Hz	2阶频率/Hz	3阶频率/Hz	4阶频率/Hz	5阶频率/Hz	6阶频率/Hz
0	225.92	248.14	258.90	361.23	428.25	526.11
0.35	225.70	247.67	258.37	359.36	426.44	523.66
0.44	225.54	247.49	257.77	357.29	425.57	521.04
0.53	225.42	247.48	257.38	357.13	424.23	519.80
0.77	225.36	247.38	257.31	356.07	423.12	517.72
1.06	225.29	247.15	257.16	353.15	421.80	516.82

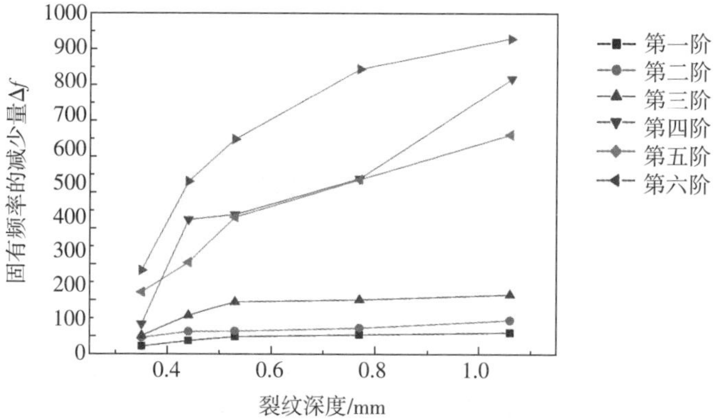

图6.36　裂纹长230 mm，各阶固有频率减少量

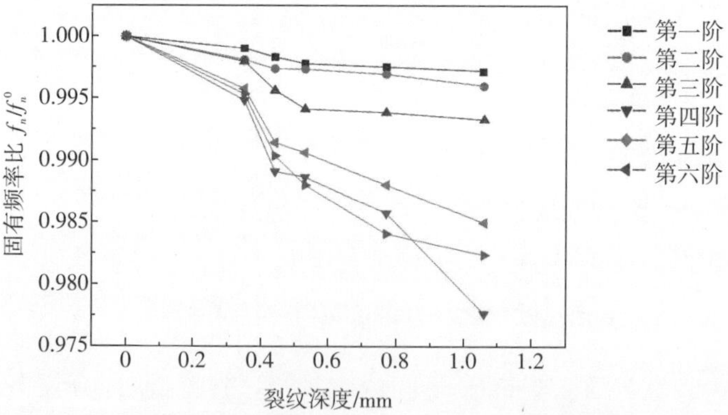

图6.37　裂纹长230 mm，各阶固有频率比

综合上述分析，可以形成焊缝裂纹的诊断思路。首先在焊缝正常时测得结构的各阶固有频率，在后期的实际使用中可定期测试，跟踪固有频率的变化情况，若变化量超过规定的阈值，则对焊缝进行细致检验。当然，除了固有频率外，结构的各阶振型、模态刚度和阻尼都会因焊缝裂纹产生变化，但测试过程较为复杂，不宜作为定期检测的手段。

第7章　连杆-关节类设备的姿态分析方法

7.1　连杆-关节类设备

7.1.1　结构特点

长久以来，机械状态监测的研究对象主要集中在旋转设备方面，如压缩机、发电机组、电动机、减速器等。旋转设备的共性结构特点是转动件—转轴—箱体—基础，转动件固定在转轴上，转轴由箱体支承，箱体固定在基础上，即机内旋转而整机固定。

如图7.1所示，连杆-关节类设备是一种应用广泛的机械类型，如挖掘机、履带式起重机、石油抽油机、串联和并联机器人等，虽然种类繁多，但都具有连杆-关节的结构形式。此类设备多是通过操控各连杆的运动，使末端机构实现指定的运动轨迹。其中，关节的作用是连接两个相邻的杆件，常见的结构为轴孔形式，内部的主要部件是轴和轴承，当然，对于串联机械臂，关节内部通常安装有驱动电机。与前述旋转设备相比，连杆往往存在大范围的空间运动，关节所承受的载荷具有明显的时变性和不平稳性。

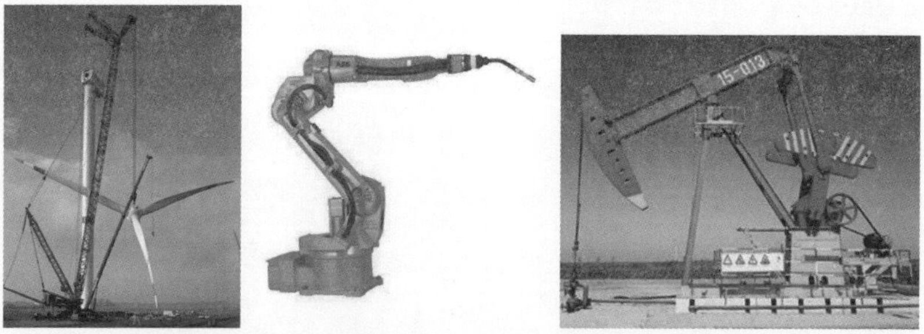

履带式起重机　　串联机器人　　石油抽油机

图7.1　连杆-关节类设备示例

7.1.2 常见故障与诊断难点

连杆–关节类设备的故障主要包括三个方面：一是关节部位故障，如关节松动、关节内轴承和减速器故障等；二是连杆故障，如连杆变形、焊缝开裂、连接螺栓松动等；三是由控制或检测元件失效、计算机控制或人工操作方法不当所引起的动作异常、设备失稳、冲击振动等不良状态，也可视为一种故障。

与旋转设备相比，连杆–关节类设备的一个显著特点是连杆会进行大范围空间运动，连杆与整机在空间中的状态特征是时变的。从故障诊断的角度看，这一特点会引发以下几点问题。

① 旋转设备诊断多以振动信号分析为核心，很少考虑零部件的刚体运动，但连杆会进行刚体运动，其运动状态本身就是一种需监测与识别的重要信息，若仅依据振动信号，则很难准确计算出连杆运动状态的演变过程，从而影响后期诊断与识别。

② 连杆的运动通常具有两个特点：一是非整周性，即连杆很少会绕关节做整周旋转；二是速度时变性强，比如，为实现末端执行机构的不规则运动轨迹，串联和并联机器人中各连杆的运动一般是非匀速的，且转动方向频繁变换。对于旋转类设备来说，多数情况下都具有旋转的整周性和转速的平稳性，所以，即使是同一零部件的同一故障，其在旋转类和多连杆类设备中所表现的特征也会存在一定差异。以滚动轴承外圈缺陷故障为例，在旋转类设备中，由于整机是固定的，轴承的承载区不会大幅度变化，由缺陷导致的每个冲击响应成分具有较为统一的时变规律。但在多连杆类设备中，轴承会随关节做空间运动，外圈上承载区的位置也随之改变，则冲击响应成分的规律性会被打破，当缺陷远离承载区时，可能出现“冲击丢失”现象，加之连杆运动的非整周性和非匀速性，从而很难直接使用现有的轴承振动信号分析方法提取故障特征频率。

③ 在多连杆类设备运行过程中，连杆间的角度关系是时变的，连杆的受力状态是时变的，关节承受的负载扭矩是时变的，加之连杆运动的非整周性和非匀速性，从而设备的动力学特性十分复杂，所以，有必要将连杆和整机的空间状态作为诊断依据或辅助信息。

根据上述分析，有必要使用新的信息分析连杆–关节类设备的状态。由于设备的空间运动对应连杆的姿态变化，所以，可以检测姿态信息，并结合振动等信号，从而可以全面获取设备的状态特征。

7.1.3 姿态与姿态测试

对于空间中的物体，可以用位置和姿态表示它的状态。如图7.2所示，首先建立静止不动的大地坐标系，然后在物体上建立一载体坐标系，载体坐标系固定在物体上，随物体同时运动，载体坐标系原点在大地坐标系中的坐标描述了物体的位置；载体坐标系的各坐标轴与大地坐标系坐标轴间的角度则描述了物体的姿态。其中，大地坐标系也称为导航坐标系。如果只关注物体姿态，则可默认载体坐标系和导航坐标系的原点重合。对于运动物体，则需要得到每个时刻物体的姿态，实质便是两个坐标系的坐标轴夹角的时变信号。

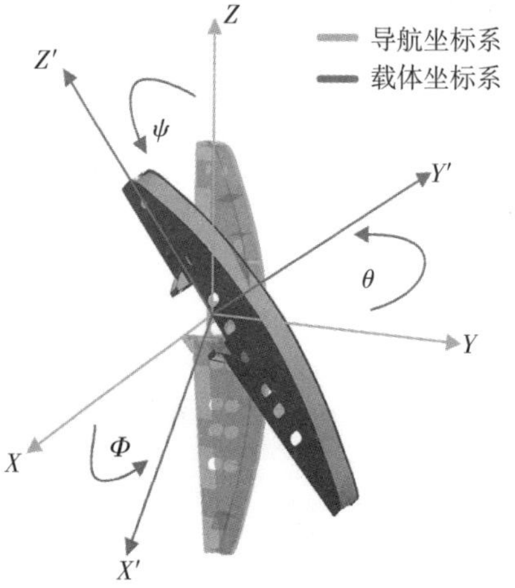

图7.2 物体姿态与两种坐标系示意图

为得到载体坐标系相对于导航坐标系的角度，通常使用三轴加速度计和陀螺仪进行检测。对于静止物体，使用三轴加速度计测得重力加速度在三个方向的分量值，则可计算得到物体姿态，但对于运动物体，若存在振动，则需在信号中剔除振动信号分量。陀螺仪可检测物体载体坐标系中三个坐标轴的旋转角速度，但后期处理时会存在误差，所以，在实际中会使用加速度数据进行修正。同时，测试加速度和角速度时，传感器自身设定的坐标系便是载体坐标系，所以，安装传感器时应注意位置和方向。

可同时检测三轴加速度和角速度的传感器一般称为惯性传感器或姿态传感器。已有的传感器种类繁多，应用十分广泛，如航空航天、手机、汽车、智能穿戴等。其中，以MEMS传感器最为常见，体积尺寸可做到毫米级，成本低廉，功耗低，测试精度和数据传输速率满足民用和一般工业需求，在机械测试中也具有很好的应用趋势。在使用惯性传感器进行测试时，传感器被固定在被测物体上，随物体运动，测得的加速度值可以理解为被测物在传感器规定的载体坐标系中三个轴方向的运动加速度，角速度值则为物体绕载体坐标系坐标轴的旋转角速度。无论物体如何在空间中平移和反转，加速度和角速度都只与载体坐标系有关。有些场合下，比如零件的局部振动测试，可以忽略零件自身的刚体运动，直接使用加速度信号，若需要得到物体的姿态信息，则应进一步处理加速度和角速度信号，得到物体与导航坐标系中三个坐标轴的夹角或其他描述，这种处理称为姿态解算。

7.2　姿态描述与解算简介

7.2.1　姿态描述方法1——欧拉角法

欧拉角是描述物体姿态最直观的方法。将物体的旋转分解为在导航坐标系三个坐标轴上的旋转，则三个旋转角称为欧拉角，这三个旋转角经常被称为横滚角、航向角、俯仰角。假设物体初始位置是载体坐标系和导航坐标系重合，则分三步旋转即可完成导航坐标系向载体坐标系转换。

设绕Z轴的旋转角度为ψ，则旋转矩阵为

$$\boldsymbol{C}_n^1=\begin{bmatrix}\cos\psi & -\sin\psi & 0\\ \sin\psi & \cos\psi & 0\\ 0 & 0 & 1\end{bmatrix} \tag{7.1}$$

设绕X轴的旋转角度为θ，则旋转矩阵为

$$\boldsymbol{C}_n^2=\begin{bmatrix}\cos\theta & 0 & \sin\theta\\ 0 & 1 & 0\\ -\sin\theta & 0 & \cos\theta\end{bmatrix} \tag{7.2}$$

设绕Y轴的旋转角度为φ，则旋转矩阵为

$$\boldsymbol{C}_n^3=\begin{bmatrix}1 & 0 & 0\\ 0 & \cos\varphi & -\sin\varphi\\ 0 & \sin\varphi & \cos\varphi\end{bmatrix} \tag{7.3}$$

最终的旋转矩阵为以上3个矩阵的乘积，即

$$C_n^b = C_n^1 C_n^2 C_n^3 = \begin{bmatrix} \cos\theta\cos\psi & \sin\varphi\sin\theta\cos\psi - \cos\varphi\sin\psi & \cos\varphi\sin\theta\cos\psi + \sin\varphi\sin\psi \\ \cos\theta\sin\psi & \sin\varphi\sin\theta\sin\psi + \cos\varphi\cos\psi & \cos\varphi\sin\theta\sin\psi - \sin\varphi\cos\psi \\ -\sin\theta & \sin\varphi\cos\theta & \cos\varphi\cos\theta \end{bmatrix} \tag{7.4}$$

用欧拉角表达物体的姿态十分直观，而且只需要3个参数，但是也有很多缺点，其中最致命的便是万向节锁死问题。现举一简单例子说明这种现象，当$\theta = \pi/2$，即物体绕X轴的旋转角度为90°时，旋转矩阵为

$$\begin{aligned} C_n^b &= \begin{bmatrix} 0 & \sin\varphi\cos\psi - \cos\varphi\sin\psi & \cos\varphi\cos\psi + \sin\varphi\sin\psi \\ 0 & \sin\varphi\sin\psi + \cos\varphi\cos\psi & \cos\varphi\sin\psi - \sin\varphi\cos\psi \\ -1 & 0 & 0 \end{bmatrix} \\ &= \begin{bmatrix} 0 & \sin(\varphi-\psi) & \cos(\varphi-\psi) \\ 0 & \cos(\varphi-\psi) & -\sin(\varphi-\psi) \\ -1 & 0 & 0 \end{bmatrix} \end{aligned} \tag{7.5}$$

此时，旋转矩阵中已经不存在θ，显然是计算发生错误，这也说明在实际测试时，若使用欧拉角法，应注意被测物体的旋转角度范围。

7.2.2 姿态描述方法2——四元数法

四元数可以有效描述物体的旋转，由4个数构成，通常表达为

$$Q = q_0 + q_1\boldsymbol{i} + q_2\boldsymbol{j} + q_3\boldsymbol{k} \tag{7.6}$$

其中，q_0，q_1，q_2，q_3为实数，$\boldsymbol{i}$，$\boldsymbol{j}$，$\boldsymbol{k}$为虚数单位，也可以写为

$$Q = q_0 + \boldsymbol{q} \tag{7.7}$$

其中，$\boldsymbol{q}$为四元数中的矢量部分。

四元数的基本性质如下：

① $\boldsymbol{i}^2 = \boldsymbol{j}^2 = \boldsymbol{k}^2 = -1$

② $\boldsymbol{ij} = -\boldsymbol{ji} = \boldsymbol{k}$，$\boldsymbol{ik} = -\boldsymbol{ki} = \boldsymbol{j}$，$\boldsymbol{kj} = -\boldsymbol{jk} = \boldsymbol{i}$。

③ 四元数的加减法

$$\begin{aligned} Q \pm M &= (q_0 + q_1\boldsymbol{i} + q_2\boldsymbol{j} + q_3\boldsymbol{k}) \pm (m_0 + m_1\boldsymbol{i} + m_2\boldsymbol{j} + m_3\boldsymbol{k}) \\ &= (q_0 \pm m_0) + (q_1 \pm m_1)\boldsymbol{i} + (q_2 \pm m_2)\boldsymbol{j} + (q_3 \pm m_3)\boldsymbol{k} \end{aligned} \tag{7.8}$$

或

$$Q \pm M = (q_0 \pm m_0) + (\boldsymbol{q} \pm \boldsymbol{m}) \tag{7.9}$$

④ 四元数的乘法与一般复数乘法相同，结果仍为四元数，设

$$\boldsymbol{P}=\boldsymbol{QM}=p_0+p_1\boldsymbol{i}+p_2\boldsymbol{j}+p_3\boldsymbol{k}$$

乘法可写成矩阵相乘的形式，即

$$\begin{bmatrix}p_0\\p_1\\p_2\\p_3\end{bmatrix}=\begin{bmatrix}q_0 & -q_1 & -q_2 & -q_3\\q_1 & q_0 & -q_3 & q_2\\q_2 & q_3 & q_0 & -q_1\\q_3 & -q_2 & q_1 & q_0\end{bmatrix}\begin{bmatrix}m_0\\m_1\\m_2\\m_3\end{bmatrix} \tag{7.10}$$

⑤ 四元数的共轭，数值相同，矢量部分正负相反的两个四元数共轭，即

$$Q^*=q_0-\boldsymbol{q} \tag{7.11}$$

⑥ 四元数的范数为

$$\|\boldsymbol{Q}\|=\sqrt{\boldsymbol{QQ}^*}=\sqrt{q_0^2+q_1^2+q_2^2+q_3^2} \tag{7.12}$$

若$\|\boldsymbol{Q}\|=1$，则称$\boldsymbol{Q}$为规范化四元数。

⑦ 逆四元数为

$$\boldsymbol{Q}^{-1}=\frac{1}{\boldsymbol{Q}}=\frac{\boldsymbol{Q}}{\|\boldsymbol{Q}\|^2} \tag{7.13}$$

可见，当$\|\boldsymbol{Q}\|=1$时，$\boldsymbol{Q}^{-1}=\boldsymbol{Q}^*$。

另外，对于四元数$\boldsymbol{Q}=q_0+\boldsymbol{q}$，设复数部分的模为

$$|\boldsymbol{q}|=\sqrt{q_1^2+q_2^2+q_3^2}$$

则有

$$\boldsymbol{Q}=\|\boldsymbol{Q}\|\left(\frac{q_0}{\|\boldsymbol{Q}\|}+\frac{|\boldsymbol{q}|}{\|\boldsymbol{Q}\|}\frac{\boldsymbol{q}}{|\boldsymbol{q}|}\right)$$

由于

$$\left(\frac{q_0}{\|\boldsymbol{Q}\|}\right)^2+\left(\frac{|\boldsymbol{q}|}{\|\boldsymbol{Q}\|}\right)^2=1$$

所以，四元数也可表达为

$$\boldsymbol{Q}=\|\boldsymbol{Q}\|\left(\cos\frac{\alpha}{2}+\frac{\boldsymbol{q}}{|\boldsymbol{q}|}\sin\frac{\alpha}{2}\right) \tag{7.14}$$

若$\|\boldsymbol{Q}\|=1$，且

$$\frac{\boldsymbol{q}}{|\boldsymbol{q}|}=\boldsymbol{i}\cos\theta+\boldsymbol{j}\cos\varphi+\boldsymbol{k}\cos\psi \tag{7.15}$$

即

$$q_0=\cos\frac{\alpha}{2}$$

$$q_1=\sin\frac{\alpha}{2}\cos\theta$$

$$q_2=\sin\frac{\alpha}{2}\cos\varphi$$

$$q_3=\sin\frac{\alpha}{2}\cos\psi$$

其中，θ，φ，ψ 为旋转轴线与坐标系三个轴之间的夹角，称这种四元数为特征四元数（后文中仍简称为四元数）。这种四元数描述了一个坐标系与另一个坐标系间的相对转动，旋转角度为 α，旋转中心轴矢量则为 $\boldsymbol{q}/|\boldsymbol{q}|$。对于矢量 $\boldsymbol{p}$，若使其进行上述旋转得到 $\boldsymbol{p}_1$，先将其表达为四元数形式 $\boldsymbol{P}=0+\boldsymbol{p}$，计算方法为

$$\boldsymbol{P}_1=\boldsymbol{Q}^{-1}\boldsymbol{P}\boldsymbol{Q} \tag{7.16}$$

则 $\boldsymbol{P}_1$ 中复数部分即为 $\boldsymbol{p}_1$。

利用罗德里格斯公式，可以得到四元数形式的旋转矩阵：

$$\boldsymbol{C}_n^b=\begin{bmatrix} q_0^2+q_1^2-q_2^2-q_3^2 & 2(q_1q_2-q_0q_3) & 2(q_1q_3+q_0q_2) \\ 2(q_1q_2+q_0q_3) & q_0^2-q_1^2+q_2^2-q_3^2 & 2(q_2q_3-q_0q_1) \\ 2(q_1q_3-q_0q_2) & 2(q_2q_3+q_0q_1) & q_0^2-q_1^2-q_2^2+q_3^2 \end{bmatrix} \tag{7.17}$$

需要注意的是，这一矩阵为从导航坐标系向载体坐标系的旋转矩阵，这对后期计算十分重要。由于四元数表征旋转矩阵与欧拉角旋转矩阵对应元素相等，可得

$$2(q_1q_3-q_0q_2)=-\sin\theta \tag{7.18}$$

$$q_0^2-q_1^2-q_2^2+q_3^2=\cos\varphi\cos\theta \tag{7.19}$$

$$2(q_2q_3-q_0q_1)=\sin\varphi\cos\theta \tag{7.20}$$

$$2(q_1q_2+q_0q_3)=\sin\psi\cos\varphi \tag{7.21}$$

$$q_0^2+q_1^2-q_2^2-q_3^2=\cos\varphi\cos\psi \tag{7.22}$$

最终可推导出姿态角与四元数之间的关系：

$$\begin{bmatrix}\varphi\\\theta\\\psi\end{bmatrix}=\begin{bmatrix}\arctan\dfrac{2(q_2q_3+q_0q_1)}{1-2(q_1^2+q_2^2)}\\-\arcsin 2(q_1q_3-q_0q_2)\\\arctan\dfrac{2(q_1q_2+q_0q_3)}{1-2(q_2^2+q_3^2)}\end{bmatrix}\tag{7.23}$$

当物体运动时，旋转角度是变化的，此时可以计算

$$\frac{\mathrm{d}\boldsymbol{Q}}{\mathrm{d}t}=\frac{1}{2}\begin{bmatrix}0&-\omega_x&-\omega_y&-\omega_z\\\omega_x&0&\omega_z&-\omega_y\\\omega_y&-\omega_z&0&\omega_x\\\omega_z&\omega_y&-\omega_x&0\end{bmatrix}\begin{bmatrix}q_0\\q_1\\q_2\\q_3\end{bmatrix}\tag{7.24}$$

其中，ω_x，ω_y，ω_z 是旋转角速度在各坐标轴的投影，式（7.24）的离散形式为

$$\begin{bmatrix}q_0\\q_1\\q_2\\q_3\end{bmatrix}_{t+\Delta t}=\begin{bmatrix}q_0\\q_1\\q_2\\q_3\end{bmatrix}_t+\frac{\Delta t}{2}\begin{bmatrix}-\omega_xq_1-\omega_yq_2-\omega_zq_3\\\omega_xq_0-\omega_yq_3+\omega_zq_2\\\omega_xq_3+\omega_yq_0-\omega_zq_1\\-\omega_xq_2+\omega_yq_1+\omega_zq_0\end{bmatrix}\tag{7.25}$$

所以，利用测得的角速度，可以对四元数进行不断更新。

7.2.3 姿态解算的互补滤波法

姿态解算的目的是利用测得的信号计算得到物体姿态，实质就是得到导航坐标系和载体坐标系间相互转换的旋转矩阵。理论上，可以直接对三轴角速度积分得到角度和姿态，但对测试得到的离散数据积分会存在累积误差；也可以利用物体在三个轴上的加速度值计算得到姿态，而且不涉及积分计算，但加速度计的幅频特性不是常数，也存在误差，但要远小于角速度积分导致的累积误差。所以，可以利用加速度信号对角速度进行校正，这就是互补滤波方法的基本思想。

在导航坐标系内，传感器静止时输出的理想加速度值为 $[0\quad 0\quad g]^{\mathrm{T}}$，归一化后为 $[0\quad 0\quad 1]^{\mathrm{T}}$，设当前导航坐标系向载体坐标系转换的旋转矩阵为 C_n^b，计算在载体坐标系内的加速度

$$\begin{bmatrix} v_x \\ v_y \\ v_z \end{bmatrix} = \boldsymbol{C}_n^b \begin{bmatrix} 0 \\ 0 \\ 1 \end{bmatrix} = \begin{bmatrix} 2(q_1q_3 - q_0q_2) \\ 2(q_2q_3 + q_0q_1) \\ {q_0}^2 - {q_1}^2 - {q_2}^2 + {q_3}^2 \end{bmatrix} \tag{7.26}$$

设传感器测试得到的加速度归一化后为$\begin{bmatrix} a_x & a_y & a_z \end{bmatrix}^\mathrm{T}$，利用向量的叉乘计算误差向量：

$$\begin{bmatrix} e_x \\ e_y \\ e_z \end{bmatrix} = \begin{bmatrix} a_y v_z - a_z v_y \\ a_x v_z - a_z v_x \\ a_x v_y - a_y v_x \end{bmatrix} \tag{7.27}$$

继而可以利用PI控制器对角速度进行补偿，如对于ω_x，补偿公式为

$$\tilde{\omega}_x = \omega_x + K_p e_x + K_i \int e_x \tag{7.28}$$

其中，K_p和K_i分别为比例和积分系数。利用修正后的角速度，重新计算四元数，并将四元数规范化，则可以计算欧拉角，从而完成姿态解算。

当传感器在水平面上转动时，加速度数值不会变化，此时，可使用磁力计信号，与加速度信号共同完成对角速度的补偿，但传感器的磁力计信号输出速率往往很低，与加速度和陀螺仪信号同步性差，所以此处不详细介绍对磁力计信号的处理方法。

当对连杆-关节类设备进行姿态测试时，传感器一般放置于关节处。由于两个相邻关节间的运动都是圆周运动，即连杆绕其驱动关节做相对定轴转动，这一特点使姿态解算更为便利，而且可以利用杆长信息和连杆机构的运动学模型得到关节的运动轨迹。同时，运转的机械设备必然会振动，加速度信号中会包含两类成分：一类为低频成分，对应连杆的空间运动；另一类为高频成分，对应设备振动。所以，在进行姿态解算前，须滤除高频成分，并确保剩余的三路低频信号的矢量和为重力加速度。同理，角速度信号中也包括这两类成分，也需做滤波处理。

由于加速度和角速度信号中的高频成分对应设备的振动，其中，加速度信号对应测点处的弯曲振动，角速度信号与测点位置的扭转振动关系密切，而振动中包含了设备的状态信息，所以，有必要充分利用高频成分，在获取设备姿态的同时，实现对设备内部结构状态的分析和判断，当然，一些故障也会在运动姿态演变过程中有所体现。综合来看，对连杆-关节类设备进行姿态测试，既可以获得设备的宏观运动姿态，又可以得到局部振动形态，还可以明确

设备零部件的健康状态，所以，姿态测试是此类设备状态监测的一个有效手段，具有很好的应用前景。

7.3　示例一：游梁式抽油机姿态测试与分析

7.3.1　游梁式抽油机简介

抽油机是石油开采的重要设备，可分为游梁式抽油机和无游梁式抽油机两种，其中游梁式抽油机为主要机型，应用十分广泛。游梁式抽油机的运动机构为典型的四连杆机构，基本结构如图7.3所示，由驴头、游梁、支架、连杆等部分组成，其中，驴头的运动为上下摆动，负责承担井内抽油杆、泵摩擦阻力及液柱的重量，并能够保证抽油杆在上下运动时始终保持在井口原点位置，是抽油机的关键部件。

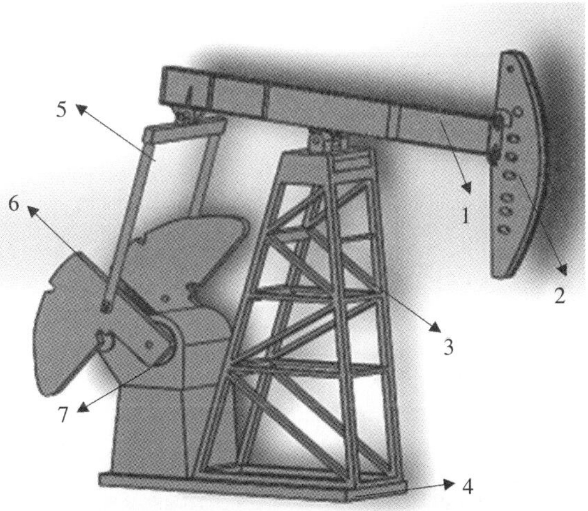

图7.3　游梁式抽油机基本结构

1—游梁；2—驴头；3—支架；4—底座；5—连杆；6—曲柄；7—减速箱

一般情况下，抽油机驴头和游梁通过四根销轴进行连接。由于驴头承受交变载荷的作用，加之长期工作于野外环境，随着工作年限的增长，销轴的磨损程度会不断增加，导致驴头和游梁间的连接出现松动，驴头晃动，最终驴头表面会出现裂纹、开裂等现象（见图7.4）。若不及时处理，销轴的磨损会不断加剧裂纹扩展，甚至引发驴头掉落的重大事故，严重影响石油开采过程中的安全性。另外，还可能存在负载不对中、驴头和游梁不对中等问题，也都会导致驴头侧板产生裂纹。

图7.4　驴头裂纹、开裂故障

7.3.2　试验测试

5.4.3节已简要介绍抽油机的等比例试验台，试验中通过更换不同直径的连接销来模拟抽油机的故障运作工况。传感器布置方式和载体坐标系设置情况如图7.5所示。其中，1号测点为驴头与游梁连接附近易发生裂纹故障位置；2号测点为游梁上靠近与驴头连接部位；3号测点位于驴头下端位置。选用一种MEMS传感器，最高采样频率为6666 Hz，满足测试需要。

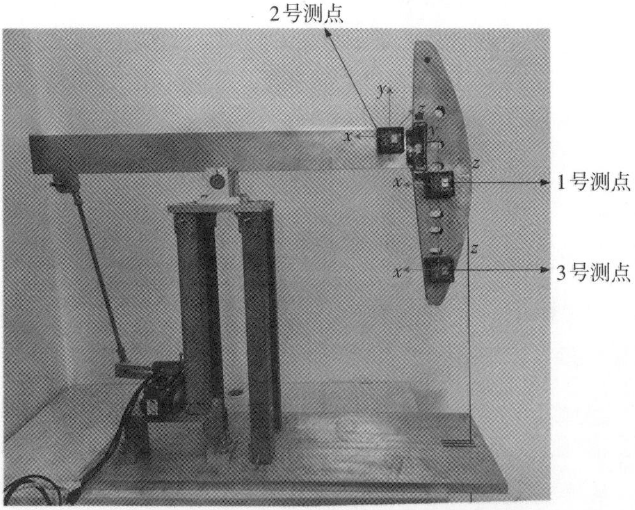

图7.5　测点布置与载体坐标系

分别选取游梁与驴头紧固连接、驴头相对游梁前端连接不对中和连接销钉松动三种不同工况进行试验，采集运动过程中的加速度和角速度信号。三种工况下测试得到的信号分别如图7.6、图7.7和图7.8所示。对于图中的标注，以第1号传感器为例，“Ax1”表示1号传感器测得在x轴方向的加速度，“Gx1”表示1号传感器测得在绕x轴方向的角速度。

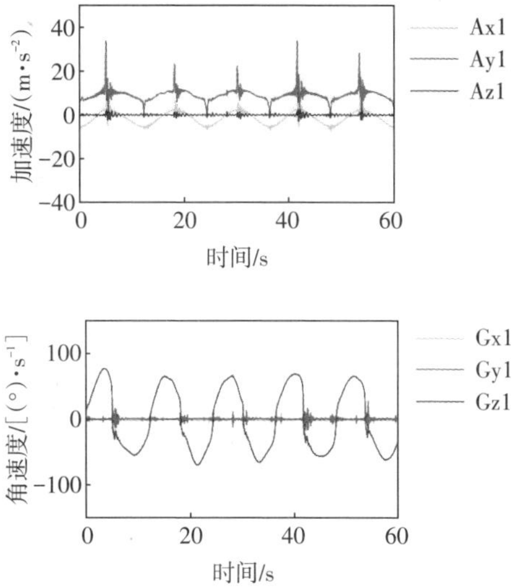

(a) 传感器1

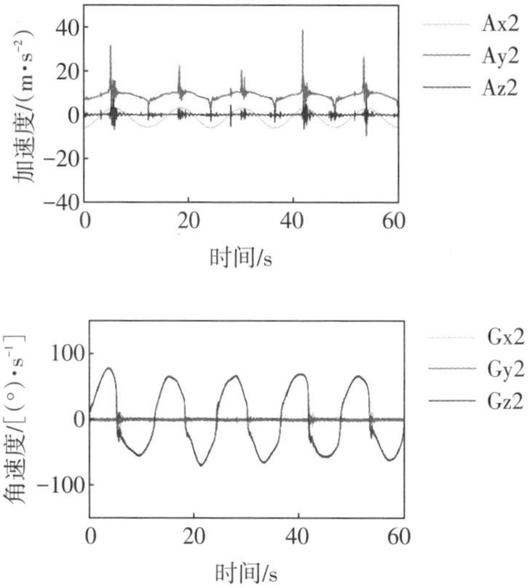

(b) 传感器2

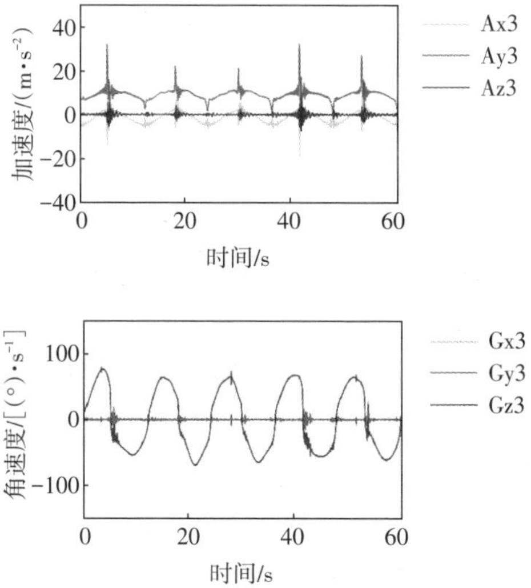

(c) 传感器3

图7.6　紧固连接状态下的加速度和角速度信号波形

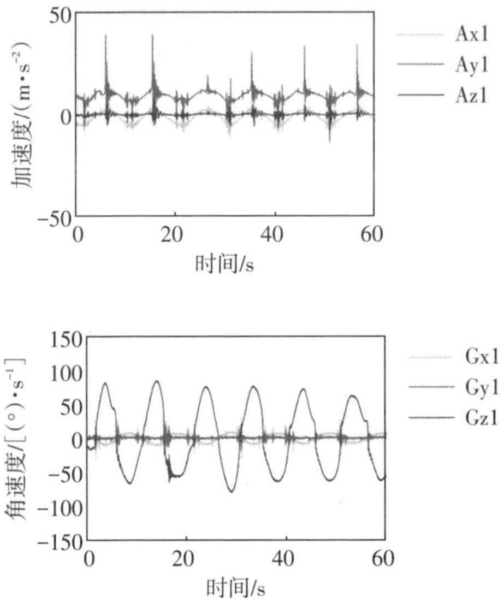

(a) 传感器1

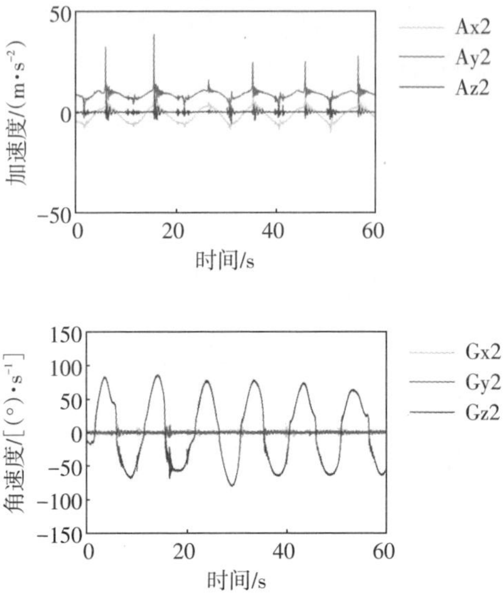

(b) 传感器2

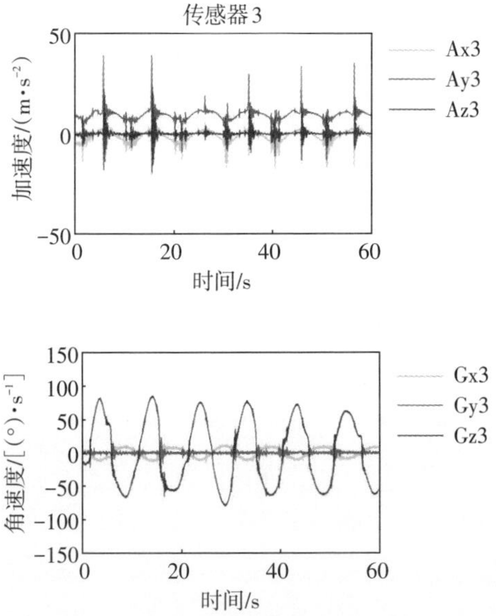

(c) 传感器3

图7.7　驴头不对中状态下的加速度和角速度信号波形

观察图7.6至图7.8可以发现，3个传感器各通道信号中均存在冲击响应，这些冲击响应会跟随驴头的往复摆动呈周期性出现。但是对比两种故障状态，紧固连接状态时各通道的冲击振动明显较弱，而且冲击响应幅值和出现的位置都很相近，同时，在两种故障状态下，传感器3的加速度和角速度信号都比传感器1和传感器2信号中的冲击响应更强烈，说明不同测点处的振动存在明显差异。

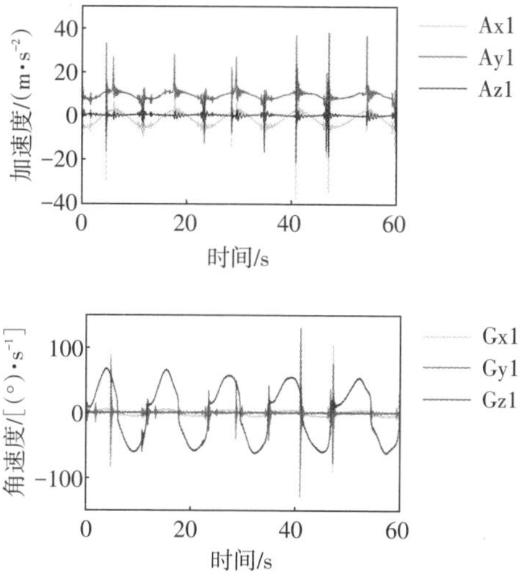

(a) 传感器1

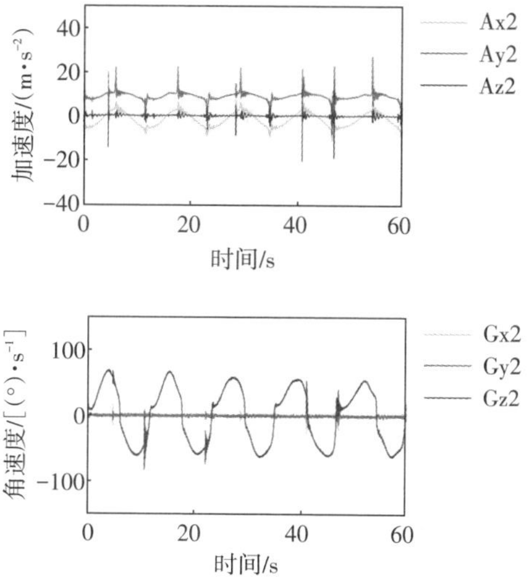

(b) 传感器2

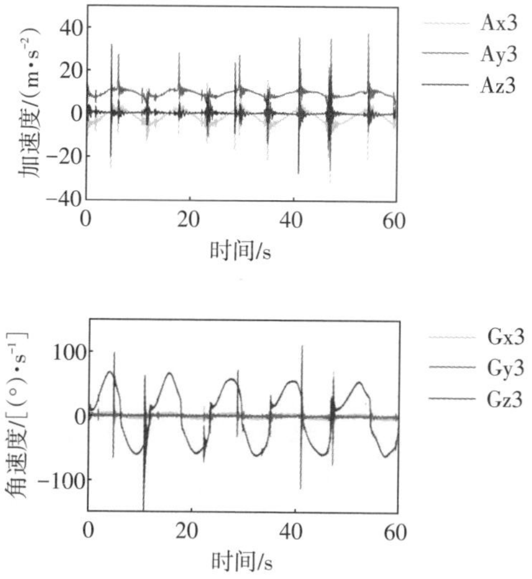

(c) 传感器3

图7.8 销钉松动状态下的加速度和角速度信号波形

当然，虽然可以直观发现不同工况时的加速度和角速度信号之间存在不同，但不能直观地表现出信号（尤其是冲击响应）与驴头运动过程之间的关系，更不能表现出不同工况时驴头运动的不同，所以，有必要对驴头进行姿态解算，以期得到更全面的信息。

7.3.3 姿态分析

利用测得的角速度和加速度信号进行姿态解算，得到俯仰角Pitch、横滚角Roll与航向角Yaw。其中，俯仰角对应驴头上下摆动的角度，是驴头正常工作时的运动方向。理想情况下，驴头只应在俯仰角方向运动，而不存在航向角和横滚角方向的运动。

图7.9为紧固连接状态下的3种姿态角，图中可见，三个传感器俯仰角不仅具有相同的变化趋势，而且角度变化幅值近似相等，驴头的实际摆动范围一致，即上摆30°和下摆15°，横滚角和航向角的波动范围较小，在−0.5°~0.5°，说明驴头在这两个方向上的运动不明显。由于俯仰方向的运动由电机驱动和连杆传动实现，且连接紧固，所以，俯仰角的波形十分平滑；但航向角和横滚角波形中存在短时突变，说明驴头在航向角和横滚角两个方向的运动不够稳定。同时，突变对应加速度和角速度信号中的冲击响应，此时，根据突变发生时间，在俯仰角波形中便可明确产生冲击时驴头的摆动角度。另外，位于游梁前臂上的传感器2则具有相反的运动趋势，说明游梁与驴头在横滚角方向的运动相反。

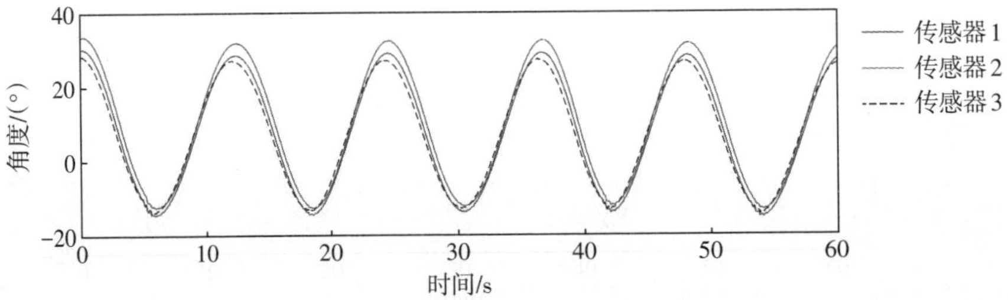

(a) 俯仰角

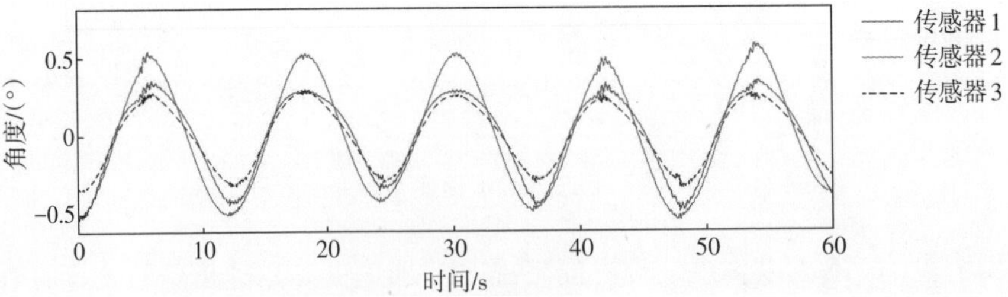

(b) 航向角

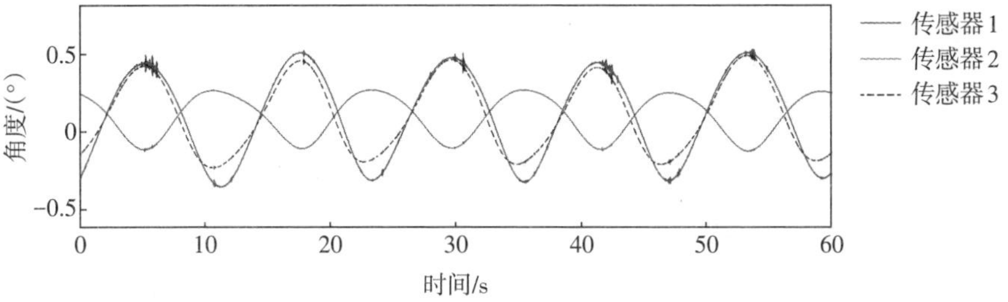

(c) 横滚角

图7.9 紧固连接状态下的姿态角时变波形

驴头不对中状态下的姿态角波形如图7.10所示，由于俯仰角波形与紧固连接时十分相似，不再给出。对比图7.9可以发现，航向角和横滚角的变化特征发生了明显变化。首先，角度波动范围明显变大；其次，波形中的突变更为强烈，尤其是航向角，不但突变明显，而且波形整体变化特征与紧固连接时完全不同。值得注意的是，传感器1与传感器2和3所得航向角之间存在明显的相位差，这说明驴头、游梁和连接部位出现了动态弹性变形。在横滚角方面，安装在游梁末端的传感器2的角度波动范围仍为−0.5°~0.5°附近，与无故障状态下无较大区别，但位于驴头部位的传感器1和3的角度变化范围明显变大到−2°~2°，扩大了约4倍，这些现象表明驴头不对中故障会增大驴头在横滚角方向的运动，但对游梁的影响不明显。

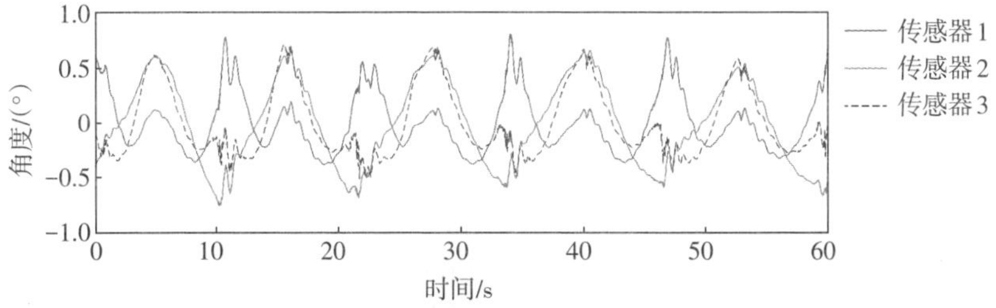

(a) 航向角

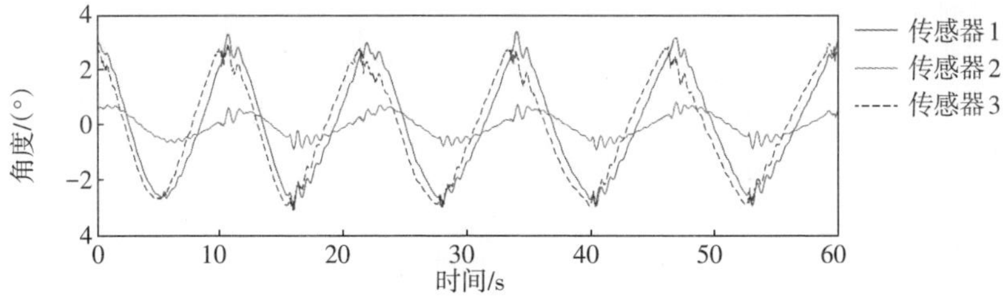

(b) 横滚角

图7.10 驴头不对中状态下的姿态角时变波形

销钉松状态下的姿态角波形如图7.11所示，可以发现，与紧固连接和不对中两种状态相比，主要区别仍表现在航向角的时变特征。除了幅值变大之外，波形特点也发生了明显的变化，如果做频谱分析等处理，会发现航向角波形发生了实质性改变，另外，在横滚角方向上，驴头的变化范围仍大于游梁，说明销钉松动故障主要影响驴头的运动，其原因在于驴头的约束完全集中在连接部位，而游梁还与轴承座和连杆连接，销钉松动会使驴头在一定的间隙空间内失去约束，从而使其运动幅度变大。

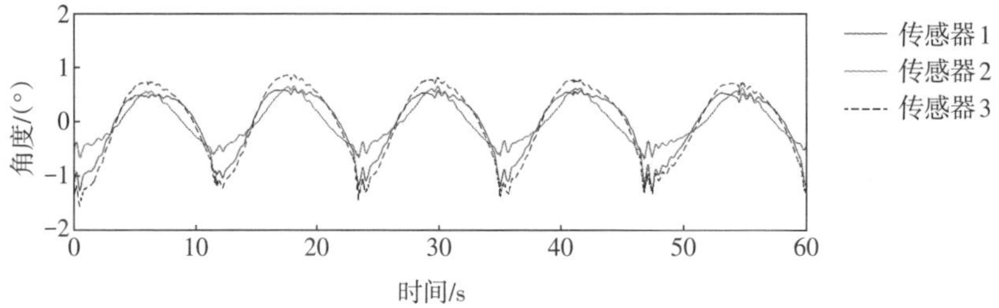

（a）航向角

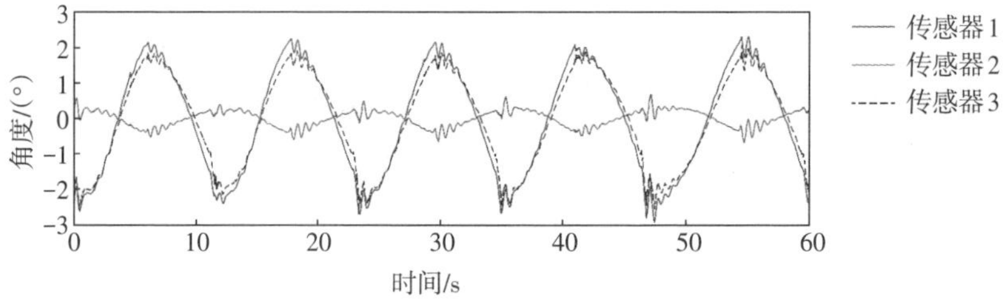

（b）横滚角

图7.11　销钉松动状态下的姿态角时变波形

总结三种工况下的姿态特征，可以发现，第一，三种工况都存在一定的冲击，冲击主要出现在航向角和横滚角方向；第二，不同工况对驴头的影响主要表现在航向角和横滚角方向，其中，以航向角方向的影响最大，也最具有区分性；第三，俯仰角变化情况对工况不敏感，主要原因是驴头在这一方向上存在驱动力，这也提示在其他类型设备测试时，应重点关注非驱动方向上的姿态角变化情况。

通过上述分析可以发现，姿态测试与解算的方法明显优于常规振动测试，能够将杆件的运动过程清晰地表现出来，具有信息全面性和表达直观性的显著特点，有助于深入分析设备动态特征和有效区分故障种类。同时，对于姿态解算得到的姿态角时变波形，还可以做进一步处理，处理方法与常规信号处理方法是通用的，可以使用瞬态信号提取方法分析姿态角中的突变，可以计算姿态角的各种统计值和进一步的降维与聚类分析。比如，可以计算航向角和横滚角在驴头往复摆动过程中的统计值，并将驴头摆动划分为向上摆动的上行程和向下摆动的下行程两部分，由图7.12可见，紧固连接状态和不对中状态下的Yaw2和Roll2的峭度指标仅在上、下端点处接近3，其他位置的峭度指标小于2；而销钉松动状态下行程的峭度指标更不稳定，Yaw2在下行程的大于25°、15°~5°和小于–5°三段范围内的峭度指标变化最明显，而Roll2在下行程的大于25°和5°~–5°范围峭度指标明显变大。所以，不同状态下，航向角和横滚角的峭度指标具有不同的变化规律，说明峭度指标可作为驴头状态识别的一种特征。

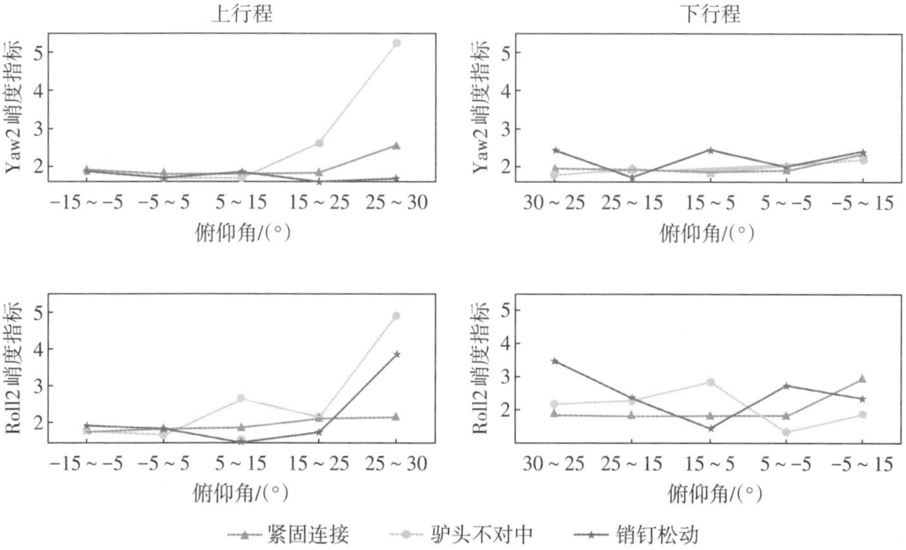

图7.12　不同连接状态的峭度指标对比图

7.4　示例二：串联机械臂姿态测试与分析

7.4.1　测试目的与方法

串联机械臂也是一种连杆–关节类设备，相对于前文所述石油抽油机更为复杂。抽油机的运动形式是固定的，每个杆件都做周期式运动，驴头的轨迹也是固定的，但机械臂的运动形式灵活多样，虽然工业现场中的机械臂通常会按规定好的轨迹重复性运行，但理论上可实现无数种轨迹，即每节臂的姿态和整机姿态有无数种。机械臂在不同的姿态下，整机的动力学参数是不同的，其动力学特性会存在区别，比如整机固有频率、末端执行机构稳定性等。所以，对于某一类串联式机械臂，有必要分析不同姿态下的动态特性，从而避免工作在动态特性相对不理想的姿态下。

以一串联式机械臂为例，对其进行测试，机械臂和各节手臂的运动方式如图7.13所示，由于臂1只有旋转运动，所以设置了3个测点，分别位于臂2、臂3和臂4，传感器布置情况如图7.14所示，臂1的旋转角度可由臂2处传感器信号解算后得到。为了总结出不同姿态下的动力学特性，需要获取多种姿态下的丰富数据。为了便于后期统计，每种姿态和姿态变换都需要进行多次重复性实验。受机械臂工作空间的影响，每节机械臂最大转角范围如下：臂1为−90°~90°，臂2为25°~65°，臂3为5°~85°，臂4为−70°~70°。

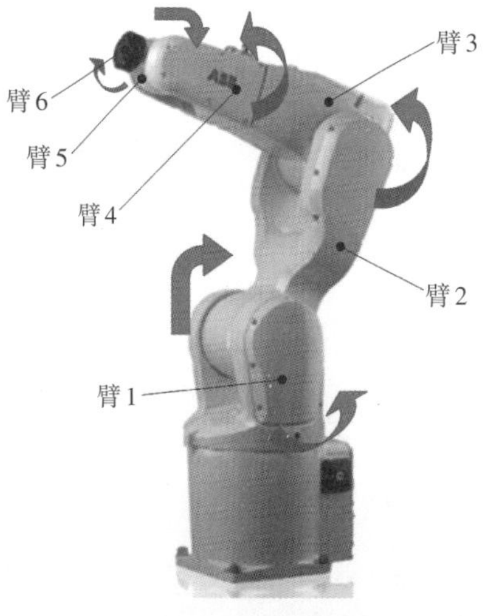

图7.13　被测机械臂

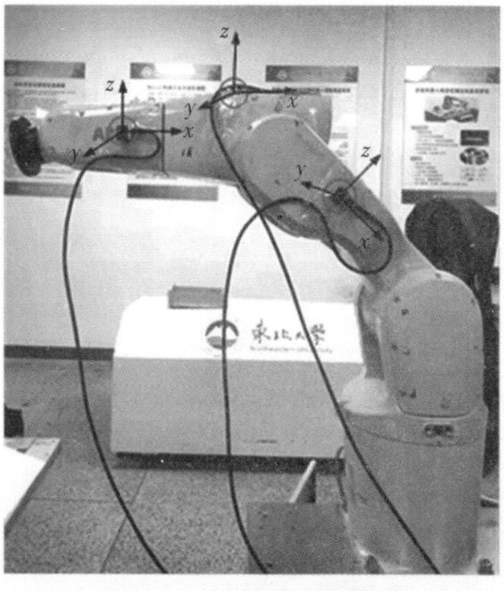

图7.14　传感器布置情况

在测试过程中，机械臂会经历无数种整机姿态，为简化分析，在测试所得信号中，根据各节臂所处的角度范围，选取10种姿态，如表7.1所示，姿态7，9，10的简图如图7.15所示。需要说明的是，对于机械臂整机姿态，臂1的旋转角度对其并无实质性影响，但考虑到在工业现场中，机械臂可能在臂1的不同旋转角度下工作，所以将臂1的角度作为一个参考量。

表7.1　姿态类别

姿态	臂1	臂2	臂3	臂4	姿态	臂1	臂2	臂3	臂4
1	−90° ~ −72°	25° ~ 29°	10° ~ 17°	−40° ~ −32°	6	0° ~ 18°	45° ~ 49°	45° ~ 52°	0° ~ 8°
2	−72° ~ −54°	29° ~ 33°	17° ~ 24°	−32° ~ −24°	7	18° ~ 36°	49° ~ 53°	52° ~ 59°	8° ~ 16°
3	−54° ~ −36°	33° ~ 37°	24° ~ 31°	−24° ~ −16°	8	36° ~ 54°	53° ~ 57°	59° ~ 66°	16° ~ 24°
4	−36° ~ −18°	37° ~ 41°	31° ~ 38°	−16° ~ −8°	9	54° ~ 72°	57° ~ 61°	66° ~ 73°	24° ~ 32°
5	−18° ~ 0°	41° ~ 45°	38° ~ 45°	−8° ~ 0°	10	72° ~ 90°	61° ~ 65°	73° ~ 80°	32° ~ 40°

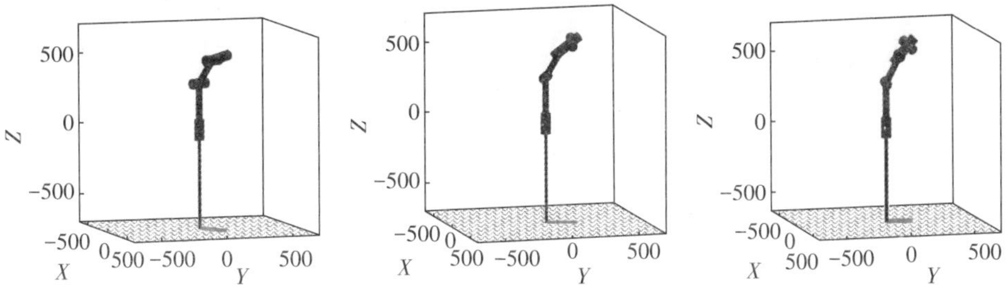

（a）姿态7　（b）姿态9　（c）姿态10

图7.15　三种姿态简图

7.4.2　姿态特性的统计分析

动态特性一般对应系统的振动，而与姿态角无关，所以，为对比上述10种姿态下的机械臂动态特性，提取机械臂经历相应姿态时的加速度和角速度信号，通过处理信号提取动态特性，此处只给出基本统计计算结果。图7.16是10种姿态下，臂2，3，4测点处加速度信号的峭度指标分布情况，可见，总体上每节臂的振动都比较平稳，只是第10种姿态时，分布在3.5附近的点数相对较多，说明该姿态下的振动中易出现冲击成分。图7.17是峰值因子的分布情况，通过对比可知，姿态9和姿态10时的振动平稳性不够理想。

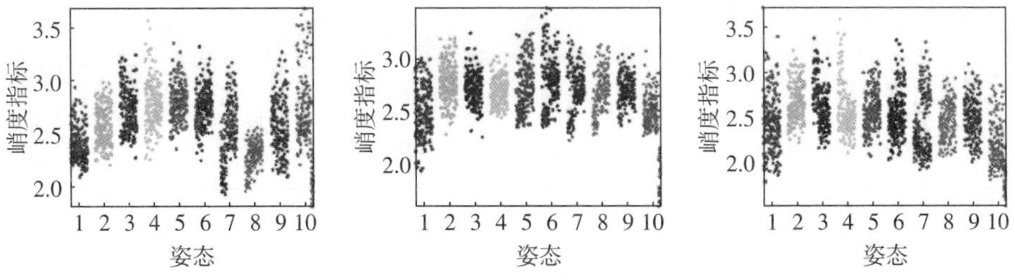

（a）臂2　（b）臂3　（c）臂4

图7.16　10种姿态下的峭度指标分布

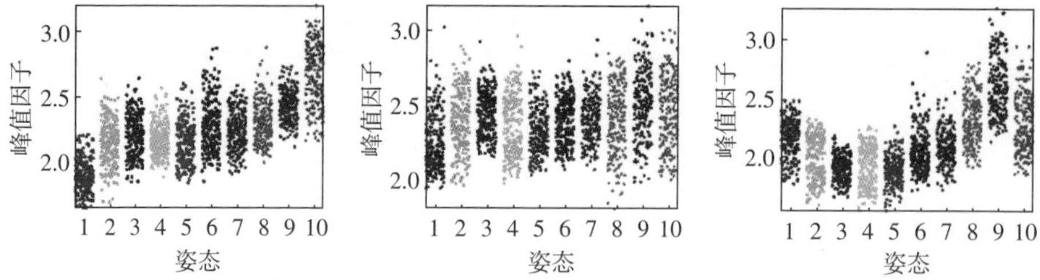

（a）臂2　　（b）臂3　　（c）臂4

图7.17　10种姿态下的峰值因子分布

在频域统计方面，图7.18为谱质心的分布情况，此时，谱质心的数值大小不具有指征意义，但谱质心分布区间的大小却能说明问题，分布区间小，对应在此姿态下设备振动特性的一致性就好，反之则不理想。图7.18中，臂2和臂3在姿态10时的谱质心分布区间明显大于其他姿态，结合时域特征的分析结果，可以初步判断姿态10是一种应避免的姿态。

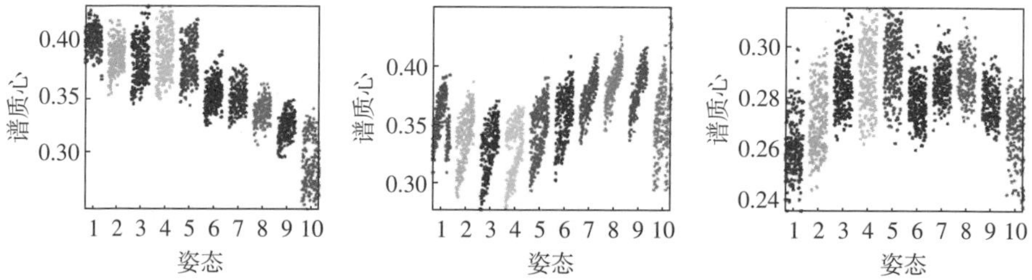

（a）臂2　　（b）臂3　　（c）臂4

图7.18　10种姿态下的谱质心分布

3个测点共测得9路加速度信号和9路角速度信号，其中必然有对姿态动态特性敏感的信号，也存在某路信号的某种特征对姿态敏感，所以，经对所有信号的各种统计特征的对比和筛选，得到优选的信号与特征组合，如表7.2和表7.3所示。利用表中选取结果，可做进一步统计分析，更深入细致地对比10种姿态。当然，后续处理方法的选用是十分灵活的，不存在固定的模式，只要能够实现分析目标便是合理的。同时，这一示例也说明，对于多姿态设备，有必要研究不同姿态下的设备特性，从而为设备实际运行中的控制和维护提供参考依据。

表7.2　时域特征筛选结果

时域特征	臂2加速度（a）	臂2角速度（g）	臂3加速度（a）	臂3角速度（g）	臂4加速度（a）	臂4角速度（g）
方差	×	×	✓	×	×	✓
偏度	×	✓	×	×	✓	×

表7.2（续）

时域特征	臂2加速度（a）	臂2角速度（g）	臂3加速度（a）	臂3角速度（g）	臂4加速度（a）	臂4角速度（g）
均方根值	×	×	√	×	×	×
峭度因子	√	×	×	×	√	√
波形因子	√	×	√	×	×	×

表7.3 频域特征筛选结果

频域特征	臂2加速度（a）	臂2角速度（g）	臂3加速度（a）	臂3角速度（g）	臂4加速度（a）	臂4角速度（g）
谱质心	√	×	√	×	√	×
谱质心带宽	×	×	×	×	×	×
谱平整	×	√	√	×	√	√
谱通量	√	×	×	×	×	√
谱不规律	×	×	×	√	×	×

参考文献

[1] 唐世伟,刘贤梅. 信息论[M]. 哈尔滨:哈尔滨工程大学出版社,2009.

[2] 邓家先,肖嵩,李英. 信息论与编码[M]. 3版. 西安:西安电子科技大学出版社,2016.

[3] 张映红,韦林,莫翔明. 设备管理与预防维修[M]. 2版. 北京:北京理工大学出版社,2019.

[4] 秦树人,张明洪,罗德扬. 机械工程测试原理与技术[M]. 重庆:重庆大学出版社,2019.

[5] 何正嘉,曹宏瑞,訾艳阳,等. 机械设备运行可靠性评估的发展与思考[J]. 机械工程学报,2014,50(2): 171-186.

[6] GONCA G, SAHIN B. Performance investigation and evaluation of an engine operating on a modified dual cycle[J]. International journal of energy research, 2022,46(3): 2454-2466.

[7] 刘杰. 机电一体化技术基础与产品设计[M]. 2版. 北京:冶金工业出版社,2010.

[8] 吴大正. 信号与线性系统分析[M]. 北京:高等教育出版社,2005.

[9] 燕喜春. 设备综合效率OEE的分析与改善[J]. 设备管理与维修,2015,(6):10-11.

[10] SEMWAL V B, GAUD N, LALWANI P, et al. Pattern identification of different human joints for different human walking styles using inertial measurement unit (IMU) sensor [J]. Artificial intelligence review, 2022, 55 (2): 1149-1169.

[11] KSENOFONTOV S Y, KUPAEV A V, VASILENKOVA T V, et al. A high-performance data-acquisition and control module based on a USB 3.0 interface for a nir broadband spectrometer [J]. Instruments and experimental tech-

niques,2021,64(5):759-764.

[12] 孟宗,刘子涵,吕蒙. 基于改进奇异值分解滤波和谱峭度的滚动轴承故障诊断[J]. 中国机械工程,2020,31(20):2420-2428.

[13] 张家凡. 振动信号的包络解调分析方法研究及应用[D]. 武汉:武汉理工大学,2008.

[14] 王慧慧. 基于S变换和神经网络的电能质量扰动检测与分类算法研究[D]. 天津:天津大学,2017.

[15] 金鑫. 抽油机驴头远程无线监测系统开发与诊断方法研究[D]. 沈阳:东北大学,2021.

[16] 国跃. 基于LDA的串联机械臂姿态域状态分布与评估方法研究[D]. 沈阳:东北大学,2022.

[17] 李会荣. 串联机械臂瞬态故障检测方法研究与系统开发[D]. 沈阳:东北大学,2021.

[18] ARENTS J, GREITANS M. Smart industrial robot control trends, challenges and opportunities within manufacturing [J]. Applied sciences, 2022, 12(2): 937.

[19] 李允公,戴丽,李国萌,等. 基于听觉显著图的瞬态振动信号表征方法研究[J]. 机械工程学报,2018,54(7):54-62.

[20] 黄振华,吴诚一. 模式识别原理[M]. 杭州:浙江大学出版社,1991.

[21] 孙即祥. 现代模式识别[M]. 长沙:国防科技大学出版社,2002.

[22] 程乾生. 数字信号处理[M]. 北京:北京大学出版社,2003.

[23] 李思雨. 基于微运动信息的关节结构故障诊断方法研究[D]. 沈阳: 东北大学,2019.

[24] ANTONI J, RANDALL R B. The spectral kurtosis: application to the vibratory surveillance and diagnostics of rotating machines [J]. Mechanical systems and signal processing, 2004, 20(2): 308-331.

[25] LI L Z, LI Y G, ZHAO S W, et al.. Simulation research of the dynamic characteristics of the horse head of pumping unit with loose connection fault [C]. 2021 International Conference on Machine Learning and Intelligent Systems Engineering (MLISE 2021), 2021: 228.

[26] LI L Z, LI Y G, ZHAO S W et al. Experiment research of the impulse characteristics of the horse head of beam pumping unit with loose connection fault

[C]. 2021 International Conference on Machine Learning and Intelligent Systems Engineering (MLISE 2021),2021:258-262.

[27] 李允公,孔祥娜,高玉勇. 基于两被联件振动信号概率密度和PCA的螺栓松动识别方法研究[J]. 振动与冲击,2015,34(1):63-67.

[28] SMITH W A, RANDALL R B. Rolling element bearing diagnostics using the Case Western Reserve University data: a benchmark study [J]. Mechanical Systems and Signal Processing,2015,64: 100-131.

[29] SAWALHI N, RANDALL R B. Simulating gear and bearing interactions in the presence of faults, I: the combined gear bearing dynamic model and the simulation of localised bearing faults [J]. Mechanical systems & signal processing,2008,22(8): 1924-1951.

[30] 王怀玉. 基于瞬态特征的关节内部轴承故障诊断方法研究[D]. 沈阳: 东北大学,2020.

[31] 廖伯瑜. 机械故障诊断基础[M]. 北京:冶金工业出版社,1995.

[32] 屈梁生,张西宁,沈玉娣. 机械故障诊断理论与方法[M]. 西安:西安交通大学出版社,2009.

[33] 高洪波,李允公,于良会,等. 基于Gammatone滤波器组的齿轮系统侧隙诱发冲击特征提取[J]. 机械传动,2015,39(3):23-26.

[34] 高洪波,刘杰,李允公. 基于改进数学形态谱的齿轮箱轴承故障特征提取[J]. 振动工程学报,2015,28(5):831-838.

[35] LI Y G, ZHANG J P, DAI L, et al. Auditory-model-based feature extraction method for mechanical faults diagnosis [J]. Chinese journal of mechanical engineering,2010,23(3):391-397.

[36] 李允公,张金萍,刘杰,等. 基于神经网络和主元分析的特征集生成方法[J]. 机械工程学报,2009,45(1):62-67.

[37] ALIEV F A, DZHAMALBEKOV M A, VELIEV N A, et al. Computer simulation of crude oil extraction using a sucker rod pumping unit in the oil well-resevoir system [J]. International applied mechanics,2019,55(3): 332-341.

[38] OUSALOO H S, SHARIFI G H, MAHDIAN J, et al. Complete calibration of three-axis strapdown magnetometer in mounting frame [J]. IEEE sensors journal,2017,17(23):7886-7893.

[39] 李允公,张金萍,戴丽,等. 基于听觉模型ZCPA的故障诊断特征提取方法

研究[J]. 中国机械工程,2009,20(24):2988-2992.

[40] 张雷. 基于振动分析的机床状态识别与人机效能评估方法研究[D]. 沈阳:东北大学,2013.

[41] 罗刚,李允公,张启林,等. 基于优化听觉模型的机床工况识别方法研究[J]. 上海理工大学学报,2017,39(4):340-345.

[42] 高玉勇. 焊接桁架动态特性分析与裂纹诊断方法研究[D]. 沈阳:东北大学,2013.

[43] 李允公,张金萍,戴丽,等. 机械振动信号的听觉谱表达及其特性研究[J]. 振动与冲击,2010,29(11):204-208.

[44] 张志红. 筒状结构焊接裂纹动力学特性与诊断方法研究[D]. 沈阳:东北大学,2013.

[45] 李允公,戴丽,张金萍. 一种双耳听觉模型及其在轴心轨迹分析中的应用[J]. 振动与冲击,2012,31(18): 46-49.

[46] 孔祥娜. 基于两路信号融合分析的螺栓松动故障诊断方法研究[D]. 沈阳:东北大学,2013.

[47] 李允公,于良会,叶利丽,等. 一种基于同步性的听觉滤波信号关联度分析方法[J]. 东北大学学报(自然科学版),2014,35(11):1607-1611.

[48] 邓正隆. 惯性导航原理[M]. 哈尔滨:哈尔滨工业大学出版社,1994.

[49] 戴邵武,徐胜红,史贤俊,等. 惯性技术与组合导航[M]. 北京:兵器工业出版社,2009.

[50] 熊有伦,李文龙,陈文斌,等. 机器人学:建模、控制与视觉[M]. 武汉:华中科技大学出版社,2018.

[51] 刘维,王明杭,朱志宇. 基于MEMS传感器的惯导系统预处理和姿态解算[J]. 传感技术学报,2019,32(11):1677-1681.

[52] 高胜,李美杰,杨明岩,等. 2F2R宏微机械臂动力学建模与弹性振动尺度效应分析[J]. 机械工程学报,2017,53(21):65-78.

[53] DE COENSEL B, BOTTELDOOREN D. A model of saliency-based auditory attention to environmental sound[C]. Sydney: Proceedings of 20th international congress on acoustics, 2010.

[54] KAYA E M, ELHILALI M. A temporal saliency map for modeling auditory attention[C]. Princeton: 2012 46th Annual Conference on Information Sciences and Systems (CISS), 2012.

［55］ 张欣，夏秀渝，王雪君. 一种听觉显著图提取模型［J］. 四川大学学报（自然科学版），2014，51（2）：292–298.

［56］ WANG J Y，ZHANG K，MADANI K，et al. Salient environmental sound detection framework for machine awareness［J］. Neurocomputing，2015，152：444–454.

［57］ 贾庆轩，符颖卓，陈钢，等. 基于状态观测器的空间机械臂关节故障诊断［J］. 航空学报，2021，42（1）：165–175.

［58］ 李国萌. 听觉显著性建模与应用方法研究［D］. 沈阳：东北大学，2017.

［59］ 李国萌，李允公，王波，等. 基于人耳听觉特性的信号显著图计算方法研究［J］. 振动与冲击，2017，36（3）：58–64.

［60］ 李允公，张金萍，戴丽. 基于极值点概率密度和听觉模型的瞬态信号提取方法研究［J］. 振动与冲击，2015，34（21）：37–44.

［61］ 李允公，戴丽，张金萍. 基于听觉分流机制的瞬态信号提取方法［J］. 振动、测试与诊断，2016，36（3）：451–458.

［62］ 吴文寿. 基于听觉模型的齿轮断齿故障诊断方法研究［D］. 沈阳：东北大学，2017.

［63］ 吴文寿，李允公，王波，等. 基于听觉模型和极值点概率密度的断齿故障特征提取方法研究［J］. 振动与冲击，2016，35（19）：101–106.

［64］ 张延琛. 基于人耳听觉特性瞬态信号的提取方法研究［D］. 沈阳：东北大学，2014.

［65］ 王波. 线切割导轮轴承磨损演变分析方法研究［D］. 沈阳：东北大学，2017.

［66］ 叶利丽. 真空旋风卧式吸尘器噪声控制方法研究［D］. 沈阳：东北大学，2015.

［67］ 于良会. 齿轮侧隙故障动力学特性与诊断方法研究［D］. 沈阳：东北大学，2013.